KB074898

세 계
최고를
꿈꿔라!

고혜성 지음

세 계
최고를
꿈꿔라!

고혜성 지음

저자  고혜성

25살에 간판 제작일을 하다 높은 곳에서 떨어져 평생 절름발이로 살아야 한다고 했는데 1년 만에 똑바로 걸었습니다. 어린 시절 개그맨의 꿈을 이루기 위해 7년 동안 도전을 하였고 32살에 특채 개그맨이 되어 KBS 개그콘서트에 출연하였습니다. 34살 때 '자신감대통령'을 출간하고 동기부여 강사로 지금까지 15년 동안 3000회 이상의 강연을 했습니다. 자기계발 전문작가로 '세상에 안 되는 건 없다', '세계 최고를 꿈꿔라', '사십에 읽는 삼국지' 등 7권의 책을 썼습니다.

(현) 자신감코리아 대표
(현) 대한민국강사협회 대표
(현) KBS 특채 개그맨
(현) 유튜브 토크쇼 '고혜성쇼' MC
KBS 개그콘서트 출연
영화 '내 여자의 남자친구' 주연
국회방송 '대한민국 푸른 위원회' MC
SK 텔레콤, 오뚜기 CF 출연
뮤지컬 '사랑했어요' 조연

2008년 저서 "자신감대통령" 출간
2011년 저서 "세계최초칭찬사전" 출간
2012년 저서 "유머시집" 출간
2013년 저서 "세상에 안되는건 없다" 출간
2015년 저서 "위기는 위대한 기회다" 출간
2022년 저서 "사십에 읽는 삼국지" 출간
2023년 저서 "세계최고를 꿈꿔라" 출간

유튜브 채널	'고혜성TV'
문 의	heasunggo@naver.com
홈페이지	www.gohyesung.com
강연문의	010.8326.9888

세계 최고를 꿈꿔라!   9

<사십에 읽는 삼국지>

삼국지는 중국이라는 큰 나라에서 대의를 위해 의리를 위해 수많은 사람들과 목숨을 걸고 싸우면서 살았던 영웅들의 이야기입니다. 1800년 전 그들의 생각과 행동이 지금 시대에도 필요하고 그들처럼 큰 포부를 가지고 살아야 한다고 믿습니다. 영웅들의 이야기를 읽는다고 반드시 영웅이 되는 것은 아니겠지만 그 시대 영웅들의 모습을 통해 영웅 가까이 다가설 수 있다고 믿습니다. 이 책은 '삼국지연의'에서 가장 감동적이고 교훈적인 일화 30편을 담았습니다.

<위기는 위대한 기회다>

이 책은 KBS 개그콘서트 <현대생활백수> 코너에서 파란 추리닝을 입고 많은 사람들에게 웃음을 주었던 개그맨 고혜성의 이야기다. 요즘 그는 개그맨 활동 때보다 더 열정적으로 새로운 삶을 이어가고 있다. 전국을 누비며 강연을 다니고 유튜브에서 자신의 이름을 걸고 토크쇼 "고혜성쇼"를 진행하고 있다. 많은 사람들을 만나고 생각의 폭을 넓힌 그가 벌써 다섯 번째 책을 펴냈다.

고혜성은 TV에 나와 대중에게 즐거움을 주기까지 '위기는 위대한 기회다'라는 믿음으로 수많은 어려움을 이겨냈다. 신문배달에서부터 간판제작까지. 닥치는 대로 일을 해야 했던 어릴 적 시간을 견뎌낸 힘은 그의 타고난 초긍정 에너지 덕분이었다. 그는 간판제작을 할 때 3층에서 떨어져 평생 똑바로 걸을 수 없을 거라는 장애판정을 받기도 했다. 하지만 그 현실을 부정했고 '나는 장애인이 아니다'라는 믿음으로 사고 이전처럼 똑바로 걸을 수 있었다.

요즘 그가 다시 말 한다. '위기는 기회다'를 부정하고 있다. 그는 다시 말한다. 바로 '위기는 위대한 기회'라고 말이다.

세계 최고를 꿈꿔라!   11

<세계최초 칭찬사전>

칭찬은 정말 마법 같은 기술입니다. 누구나 3초 만에 상대방을 기쁘게 할 수 있습니다. 칭찬은 누구에게나 자연스러운 웃음을 주어 쉽게 마음의 문을 열어주고 부드러운 대화를 나눌 수 있는 가장 빠르고 효과적인 최고의 표현기술입니다. 인생에서의 성공의 법칙은 정말 단순합니다. 성공은 내가 얼마나 상대에게 웃음과 즐거움을 주느냐에 따라 그만큼의 돈과 명예 그리고 인기가 찾아오는 것입니다. 동서양을 불문하고 성공한 사람들을 분석해보면 모두 칭찬의 대가들이었습니다. 칭찬은 상대방에게 관심을 가져주는 것입니다.

이 책에는 대한민국 모든 남녀노소에게 사용할 수 있는 칭찬이 무려 1000가지가 넘게 수록되어 있습니다. 누구에게나 사용할 수 있는 일반적인 칭찬 이외에 부모님에게 하는 칭찬, 배우자에게 하는 칭찬, 친구에게 하는 칭찬, 직원들에게 하는 칭찬, 연인에게 하는 칭찬, 아이들에게 하는 칭찬이 별도로 300개가 더 실려 있습니다.

우리 모두
세계 최고를 꿈꾸자!

세계 최고란 결코 1등만이 아니다. 세계 최고는 각 분야의 직업별로 수십 명이 될 수 도 있고 수백 명이 될 수가 있다. 스포츠 세계를 예로 든다면 올림픽에서 금메달을 딴 선수만 세계 최고는 아니지 않은가? 은메달, 동메달도 세계 최고인 것이다. 세계 최고는 두 가지 분류로 나눌 수 있다. 세상에 많은 사람들이 인정하는 세계 최고와 자신 스스로 세계 최고라고 인정하는 것이다.

올림픽경기에 출전한 한 선수가 0.01초 차이로 4위를 하여 메달을 따지 못했다 할지라도 자신이 스스로 생각했을 때 지금까지 후회 없이 최선을 다했다면 그 선수도 세계 최고인 것이다. 세계 최고는 다른 사람들의 평가도 중요하겠지만 더 중요한 것은 본인 스스로가 판단하는 것이다.

세계적인 화가 빈센트 반 고흐가 살아있을 때는 그 누구도 화가로서의 재능을 알아주지 않았지만, 지금은 작품 하나에 수천억 이상의 가치를 가진 세계적인 예술가로 인정받고 있다. 남들이 지금은 알아주지 않더라도 언젠가는 세계 최고가 될 수 있다는 것이다. 또한, 다른 사람들과의 경쟁으로 인해 세계 최고가 되는 길도 있고 나 혼자와의 싸움에서 승리하여 세계 최고가 되어있는 사람들도 있다.

세계적인 예술가 피카소와 르느와르 두 사람의 작품값은 다르지만, 세상 모든 사람들이 인정하는 세계 최고의 화가로 불리고 있다. 어떤 분야든 후회 없는 노력의 결과로 다른 사람들과 경쟁을 통하여 1등을 하지 못할지라도 많은 사람들이 세계 최고라 인정해줄 수도 있고 스스로 세계 최고라고 여기고 당당하게 살아갈 수도 있는 것이다.

세계 최고는 모든 면에서 혼신의 노력으로 최선을 다하고 스스로 만족할만한 결과를 내는 것이다. 모든 사람들은 세계 최고를 꿈꿔야 하고 세계 최고가 될 수 있다. 모든 직업별로 분야별로 누구나 세계 최고가 될 수 있다.

대통령을 꿈꾼다면 세계 최고의 대통령을 꿈꾸고 국회의원은 세계 최고의 국회의원을 꿈꿔야 한다. 세계 최고의 판사, 변호사 세계 최고의 경영인, 세계 최고의 공무원 세계 최고의 회사원을 꿈꾸고 직업을 떠나 세계 최고의 아버지와 어머니를 꿈꾸고 세계 최고의 선생님과 세계 최고의 학생을 꿈꿔야 한다. 모두가 세계 최고인 사람들이 사는 세상은 상상만 해도 너무 멋지고 재밌을 거 같다. 우리 모두 세계 최고를 꿈꾸자!

04

세상에 안되는건 없다. 다된다! · 117

태양을 향해 쏜 화살이

해바라기를 향해 쏜 화살보다

더 멀리 날아간다.

태양을
향해
쏴라

세계 최고의 정의

꿈은 크게 가지면 가질수록 너무 좋은 것이다. 꿈은 아무리 크더라도 절대로 다른 사람에게 피해를 주지 않는다. 꿈만 크고 노력하지 않는 것이 문제이지 꿈이 큰 것은 아무런 문제가 되지 않는다. 꿈은 크면 클수록 그만큼 더 큰 노력을 하여 그만큼 성장하고 발전하여 자신의 재능을 발휘해 많은 사람들에게 즐거움과 행복 그리고 감동을 줄 수 있다. 위대한 예술가 미켈란젤로도 이런 말을 남겼다

"세상 사람들에게 가장 위험한 일은 너무 높은 목표를 세우고 그것에 이르지 못하는 것이 아니라 너무 작은 목표를 세우고 그것에 도달하는 것이다"

모든 사람들은 자신의 타고난 재능을 100% 발휘하여 세계 최고가 되어야 한다. 우리가 태어난 이유, 인생을 사는 목적은 바로 이것이어야 한다. 스포츠 선수, 정치인, 공무원, 전문직, 연예인 등등 저마다 타고난 재능이 모두 다른데 나의 특별한 능력과 세상이 자신에게 요구하는 것이 일치했을 때 누구나 세계 최고가 될 수 있다.

세계 최고를 정의한다면 어떠한 한 분야에서 자신의 타고난 특별한 재능을 혼신의 노력으로 100% 발휘하는 사람이다. 세계 최고는 자신 스스로 먼저 세계 최고라 믿고 많은 사람들을 이롭게 하여 감동과 사랑, 행복을 전해주며 긍정적인 선한 영향력을 주는 사람이다. 한 사람에게 인정받아 세계 최고란 말을 들어도 세계 최고다. 세상 모든 사람들에게 인정받으면 당연히 세계 최고라 불리겠지만 나 자신이 세계 최고라 믿는 것이 더 중요하고 단 한 사람에게게라도 세계 최고라고 인정받아도 된다.

모든 사람들은 수억대 1의 경쟁률을 뚫고 태어나 모두 세계 최고의 DNA를 가지고 있다. 태어날 때부터 세계 최고인 것이다. 태어날 때 가지고 있는 재능을 모두 발휘만 하면 누구나 세계 최고가 될 수 있다.

세계 최고를 꿈꾼 사람들

세계 최고 피겨스케이팅 선수가 누구냐고 물어보면 대한민국 모든 국민들은 김연아 선수라고 대답할 것이다. 김연아 선수는 대한민국 국민뿐 아니라 전 세계 모든 사람들이 좋아하고 특히 피겨 스케이팅을 꿈꾸는 어린 학생들에게는 롤 모델이 되어 지금까지도 많은 사랑과 존경까지 받고 있다.

나 역시 비록 나이는 한참 어리지만, 김연아 선수를 존경한다. 그녀의 아름다운 연기에도 매료되었지만, 그녀의 태도와 그녀의 인터뷰를 들었을 때 그 어떤 철학자의 가르침보다 마음에 깊이 와닿았기 때문이다.

'후회에 미련을 두는 것은
정말 미련한 사람이나 하는 짓이다.'
김연아의 7분 드라마 중에서

'연습에서 잘했는데 실전에서 못할 이유가 없다' 고
생각하면서 저를 믿고 했다
2014 소치 올림픽 경기후 인터뷰 중에서

2010년 벤쿠버 동계올림픽에서 시상식대 가장 높은 곳에서 김연아 선수가 금메달을 목에 걸고 환하게 웃고 난 이후 전 세계는 대한민국을 그전보다 더 관심 있게 지켜보고 더 자주 대한민국을 떠올리게 되었다. 한마디로 대한민국에 위상이 김연아 선수 한 명으로 인하여 더 크게 올라가게 된 것이다. 그 이유는 그녀가 세계 최고이기 때문이다.

김연아 선수는 6살 때 과천 빙상장에 가족들과 함께 놀러가서 처음 스케이트를 신고 얼음판 위에서 자연스럽게 미끄러지는 신기하고도 재밌는 경험을 하였다. 그 이후 엄마를 졸라 정식으로 피겨 스케이트 강습을 하고 이듬해부터 각종 대회에 나가서 우승을 하였다. 그러던 어느 날 당시에 세계 최고의 피겨 스케이팅 선수 미셸 콴의 경기를 보고 난 후 꿈을 갖게 된다.

'나도 올림픽에 나가서 금메달을 꼭 딸 거야!'

김연아 선수가 지금처럼 전 세계 모든 사람들이 인정하는 세계 최고의 피겨 스케이팅 선수가 되었던 가장 결정적인 이유는 바로 세계 최고가 되겠다는 큰 꿈이 분명하게 존재했기 때문이다. 그녀의 큰 꿈이 없었더라면 우리는 올림픽에서 그녀의 우아하고 아름다운 연기를 볼 수도 없었고 그녀와 함께 감동의 눈물을 흘리지도 못했을 것이다. 김연아 선수가 세계 최고가 되겠다는 꿈으로 인해 전 세계 모든 사람들이 지금까지도 행복해하고 있는 것이다.

내가 얼마나 높이 날아 오를 수 있을지는 아무도 모른다
날개를 펼칠 때 비로소 알 수 있을 것이다

율곡 이이 선생님의 꿈

율곡 이이 선생님은 20세 때 금강산을 홀로 다녀온 후 어떻게 살아야 하는지 곰곰이 생각하신 후 인생의 지표가 되는 자경문이라는 것을 만드셨는데 그중 가장 첫 번째 쓰신 문장이 있다.

1. 先須大其志 以聖人爲準則 一毫不及聖人 則吾事未了
   선수대기지 이성인위준칙 일호불급성인 칙오사미료

먼저 그 뜻을 크게 가져 '성인'을 표준 삼아 털끝만큼이라도 성인에 미치지 못하면 내 할 일이 끝난 것이 아니니라.

율곡 이이 선생님의 목표는 성인이었다. 당시에 모든 사람들이 존경하고 우러르고 있는 성인으로 추앙하는 공자, 맹자 선생님처럼 되고자 하는 큰 꿈을 품은 것이다. 홍문관 대제학과 이조판서 형조판서를 지내면서 불쌍한 백성들을 위하여 각 지방에 특산물 대신 쌀로 통일하여 납세하는 대동법을 최초로 실시하고 병조판서 때 여진족을 물리치고 임진왜란이 일어나기 10년 전 십만양병설을 주장하였고 홍문관 부제학으로 있으면서 《성학집요》를 저술하였다.

5편으로 구성된 이이의 책을 받아본 선조는 "이 책은 참으로 필요한 책이다. 이건 성현의 말씀이다. 바른 정치에 절실하게 도움이 되겠지만, 나같이 불민한 임금으로 행하지 못할까 두려울 뿐이다."라며 극찬을 아끼지 않았다. 율곡 이이 선생님은 자신의 바람대로 성인이 되었다. 모든 나라에 지폐에는 그 나라에 역사상 가장 훌륭한 사람이 들어가는데 선생님은 오랫동안 5000원권 지폐에 앉아계신다.

매일 0.1%씩 성장하라 열흘이면 1% 성장하게 되고
백일이면 10% 성장할수 있고 천일이 지나면 100% 완전히
달라지게 된다

03

큰 뜻은 어린 시절에
품어야 한다

스포츠 세계에서는 세계 최고란 말이 너무나 자연스럽다. 많은 선수들이 어릴 때부터 세계 최고가 되고 싶어 한다. 스포츠계가 아닌 사람들에게 세계 최고를 꿈꾸라면 어떤 사람은 너무 커서 부담스럽다고 이야기한다. 세계 최고는 부담스러운 것이 아니라 부러운 것이다. 세계 최고의 꿈은 지구상에 사는 전 세계 모든 사람들이 가져야 한다. 모든 대통령은 세계 최고의 대통령을 꿈꾸어야 하고 모든 스포츠 선수는 세계 최고의 선수를 꿈꾸어야 하고 이 세상 모든 부모는 세계 최고의 아빠 엄마를 꿈꾸어야 한다.

우리는 지금 세계 최고인 그들을 부러워하지 않는가? 그들을 존경하고 그들을 사랑하고 열광하지 않는가? 내가 그들처럼 세계 최고가 될 거란 꿈을 꾸고 김연아 선수처럼 율곡이이 선생님처럼 하면 된다. 꿈은 크게 갖고 실천은 작은 것부터 시작하면 되는 것이다. 산에 올라간다면 마음속에는 정상을 품고 발은 한 걸음씩 움직이라는 말이다.

왜 한 발자국도 움직이기 전에 미리 겁을 먹고 두려워해야 하나? 김연아 선수가 6살 때 처음 스케이트를 타자마자 다음 날 대회에 나가야 한다면, 당연히 부담스럽겠지만 하루를 기준으로 매일 연습하지 않았나. 이렇게 얘길 해도 큰 꿈을 꾸고 한 걸음을, 하루를 시작하지 못하는 사람이 많다. 그것은 세계 최고가 되려는 믿음이 부족하기 때문이다. 행동을 하려면 반드시 강력한 믿음이 존재해야 한다.

먼저 세계 최고가 되겠다는 마음을 굳게 먹어야 한다. 그리고 오늘 내가 세계 최고가 되려면 무엇을 해야 하는지를 구체적으로 계획하고 그것을 혼신을 다해 하루하루 지키면 된다. 김연아 선수는 하루 10시간을 넘게 얼음판 위에서 연습하고 수십 번을 넘어졌을 것이다. 그 하루하루가 모여서 10년 뒤에 세계 최고를 만든 것처럼 공식은 매우 간단하다. 오늘 내가 할 일을 정하고 반드시 실행해야 한다.

왜? 세계 최고의 꿈을 가져야 하는지 다시 한번 말하지만, 당신은 최고의 DNA를 지니고 수억대의 1의 경쟁률을 뚫고 태어난 사람이다. 이 사실을 절대 잊어버려서는 안 된다.

누구나 세계 최고가 될 수 있다. 모든 사람들은 슈퍼컴퓨터보다 수천 배 더 좋은 뇌와 잠재력을 가지고 있다. 누구나 하려고만 하면 모든 것을 할 수 있다. 자기가 가지고 태어난 능력을 제대로 발휘하지 못하고 사는 것은 정말 안타까운 일이다. 당신은 반드시 할 수 있다. 자신을 믿기만 하면 된다. 반드시 세계 최고가 될 거라 믿어라.

꿈은 반드시 이루어지게 되어있다.
이루어질 가능성이 없다면 태초에 우주가
나를 존재하게 하지도 않았고 꿈꾸게 하지도
않았을 것이다.

04

태양을 향해 쏘고
달을 향해 나아가라

큰 꿈을 이루려면 큰 노력을 할 수밖에 없다. 세계 최고의
꿈을 꾼다면 그만큼 노력을 하게 될 것이다. 아니 그만큼의 노
력을 반드시 해야 한다. 세계 최고의 꿈을 가졌다는 것은 그
만큼의 노력을 하겠다는 것이다. 빙산의 일각처럼 내 안에 거
대한 빙산 같은 능력이 있음에도 불구하고 빙산의 일각 같은
삶을 사려고 한다. 게으른 사람은 할 수 있는 일을 하지 않는
것이 아니라 더 많은 것을 잘할 수 있는 능력이 있는데도 불
구하고 노력하지 않는 사람이다.

태양을 향해 쏜 화살이 더 멀리 날아가는 이유는 활시위를 더 힘차게 당기기 때문이다. 바로 앞에 있는 해바라기를 맞추려면 아주 조금만 당겨도 된다. 태양을 향해 쏜 화살은 비록 태양을 맞추지 못하더라도 최소한 해바라기는 넘어간다. 거기서 그치지 않고 자신이 힘을 들인 만큼 분명 더 멀리 날아갈 것이다. 해바라기를 맞추려 작은 노력만 한다면 절대로 태양을 향해 날아갈 수 없다. 태양을 향해 쏴라.

그러면 해바라기를 넘어 산을 넘어갈 수도 있고 달까지 날아갈 수도 있다. 세계 최고를 꿈꿔라. 그러면 최소한 내가 살고 있는 마을에서 최고가 될 수 있고 한 도시에서 최고가 될 수도 있고 한 나라에서 최고가 될 수 있다. 세계 최고는 되지 못하더라도 한 국가에서 모든 사람들이 인정하는 최고가 될 수 있는 것이다. 의사가 꿈이라면 세계 최고의 의사를 꿈꿔야 한다. 그럼 최소한 작은 동네의 최고의사가 될것이다. 선생님이 꿈이라면 세계 최고의 선생님을 꿈꿔라. 그럼 최소한 학교에서 최고의 선생님이 될 것이다.

일본에 고이라는 물고기가 있는데 조그만 어항에서 키우면 5cm밖에 자라지 못하지만, 강에 풀어놓으면 1m까지 자란다고 한다. 당신의 꿈에 한계를 정하지 말아라. 다른 사람이

무슨 말을 하든 다른 사람이 어떻게 생각하던 절대로 꿈에 한
계를 정하지 말아라. 당신이 할 수 있다면 할 수 있는 것이다.
할 수 있다는 생각이 드는 것은 실제로 그것을 할 수 있기 때
문에 드는 것이다.

꿈 물고기를 세상의 바다에 풀어 놓아라

불가능한 꿈을 가슴에 품고 가능하다는 생각을 머리에 담
아라. 전 세계 경영학의 대가 피터 드러커 박사가 이런 말을
했다. '완벽을 추구하라!' 완벽이란 불가능한 목표라고 말하
기도 하는데 그렇기 때문에 완벽이란 말이 더욱 매력적인 것
이다.

인간의 목적은 완벽에 최대한 가까이 다가가는 것이고 어
떤 사람은 가끔 완벽하다는 말을 듣기도 한다. 여기서 김연아
선수의 얘기를 한 번 더 하고 싶은데 2014년 소치올림픽에서
보여준 김연아의 연기는 완벽에 가까운 것이 아니라 완벽하
다고 생각하고 있다. 앞으로 나올 그 어떤 선수도 김연아처럼
아름답고 환상적인 연기는 보여줄 수 없을 것 같다.

우리는 완벽한 사람들 완벽한 작품들을 보면서 그저 감탄만 하면서 살아왔지만, 자신이 완벽한 인간이 되는 것은 잘 생각하지 못했다. 모든 사람들은 완벽한 사람이 될 수 있고 완벽하지 못하더라도 혼신의 노력을 하면 완벽에 가까이 다가갈 수 있다. 단지 우리가 그렇게 되겠다는 확고하고 뚜렷한 목표 의식이 있다면 가능한 일이다.

간절히 바라고 노력하면 당신이 믿는 신이 반드시
도와줄것이고 신을 믿지 않으면 온 우주가 당신을
반드시 도와줄것이다.

05

세계 최고는 경쟁하지 않는다

세계 최고가 되려면 남들과 경쟁해서 이겨야 한다고 생각하는 사람들이 있는데 다른 사람을 이기려는 마음을 가지면 세계 최고가 될 수 없다. 세계 최고는 자기 자신과의 싸움이며 오직 자신의 한계를 극복해야 한다. 다른 사람과 비교하지 말고 어제의 나와 비교하여 더 나은 내일의 나를 만드는 것이다.

세계 최고의 골프황제라 불리던 타이거 우즈 선수가 아마추어 시절에 다른 선수가 스윙하기 전에 속으로 이렇게 말했다고 한다.

'제발 들어가지 마라.'

'들어가면 안 돼.'

그리고 자기 차례가 왔을 때 스윙을 하면 이상하게 자기
도 잘 들어가지 않았다고 한다. 그러던 어느 날 큰 깨달음이
찾아왔는데 이제부터는 다른 선수가 스윙을 할 때도 '들어가
라, 제발 들어가라.'라고 말을 했더니 자기가 스윙할 때 전 보
다 더 잘 들어갔다고 한다. 다른 선수에게 부정적인 생각이나
말을 하면 나의 뇌도 부정적인 영향을 받아서 나의 스윙 역시
부정적인 영향을 받는다는 것을 알게 된 것이다.

그래서 다른 선수에게 긍정적인 마음과 말을 보내주면 줄
수록 나의 뇌는 긍정적인 영향을 더 많이 받아서 결국 내가
더 잘 될 거라는 것을 믿게 되었다고 한다. 내가 잘되려면 다
른 사람들도 잘 되기를 바래야 한다. 세계 최고는 세상 모든
사람들이 세계 최고가 되기를 진심으로 바라고 응원하는 사
람이 되어야 한다.

세계 최고의 부모가
세계 최고의 자녀를 만든다

모든 부모는 나의 자녀가 세계 최고가 되기를 바랄 것이다. 자녀를 키우다 보면 다른 아이들보다 성장이 늦거나 재능이 부족해 보일 수도 있을 것이다. 그렇다고 해도 너무 걱정하지 말고 인내심을 갖고 더 깊은 사랑과 관심으로 돌보면 반드시 자신의 재능을 모두 발휘할 수 있게 될 것이다. 모든 아이들은 천재가 될 수 있는 DNA를 지니고 있다고 믿어야 한다. 부모가 자녀를 믿지 않으면 자녀 또한 자신을 믿지 못한다.

세계적인 발명가 에디슨의 어머니가 아들에 대한 믿음이 없었다면 지금 우리는 캄캄한 밤에 촛불을 켜고 살아가고 있을 것이다. 에디슨은 학교에서 바보라고 놀림 받고 왕따를 당했던 아이였다. 그러나 에디슨의 어머니에게는 그 어떤 아이보다 영리하다고 믿었고 매일 따뜻하게 포옹해주고 매일 칭찬을 해주었다.

'너는 천재야. 너는 최고란다 엄마는 너를 너무 사랑해'

에디슨은 엄마의 사랑을 믿었고 엄마가 매일 해주는 칭찬의 말을 믿었다. 자신이 천재라는 것도 믿게 되었고 자신이 최고라는 것을 믿게 된 결과 전구를 발명하고 죽기 전까지 1,036개의 특허를 내어 세계역사상 가장 위대한 발명가가 된 것이다. 모든 부모는 자녀를 세계 최고로 만들 수가 있다. 자녀를 하나의 완전한 인격체로서 대하고 스스로를 사랑하고 다른 사람들을 사랑하도록 가르쳐주어야 한다. 주변의 모든 사물을 관찰할 수 있도록 도와주어야 한다.

끊임없는 사랑과 칭찬을 보내주어야 한다. 자녀가 하는 말에 무릎을 꿇고 귀 기울여 줄 수 있어야 하며 자녀의 질문에 최대한 진심을 담아 답변해 줄 수 있어야 한다. 매일 따뜻하게 안아주고 잠들기 전 볼에 입맞춤을 해주어야 한다. 세계 최고의 부모들은 모두 이렇게 해왔기 때문에 우리도 그들처럼 하면 세계 최고의 자녀를 만들 수 있고 세계 최고의 아빠, 엄마가 될 수 있는 것이다.

세계 최고의 아빠를 꿈꾸고 세계 최고의 엄마를 꿈꿔라. 그럼 나의 자녀들도 반드시 세계 최고가 될 것이다.

꿈은 무조건 크게 가지는 것이 좋다.

만약 꿈이 깨지더라도 그 조각은 클것이다.

달을 향해 나아가라
달에 미치지 못해도 별들
사이에 있게 될 것이다.

달을
향해
나아가라

자기 자신을 먼저 사랑해라

06

세계 최고를 꿈꾸는 사람은 자기 자신을 사랑하는 사람이
어야 한다. 스스로를 사랑하지 않는 사람은 결코 세계 최고가
될 수 없다. 자신의 모든 것을 있는 그대로 인정하고 받아들
일 줄 알아야 한다.

지금 가지고 있는 모든 것들에 감사하고 자신의 내면과
외면을 모두 사랑하고 단점마저도 사랑해야 한다. 자신을 사
랑하는 구체적인 방법은 자신에게 칭찬을 해주는 것이다. 다
른 사람들에게 칭찬받으려고 기대하는 것보다 자신에게 매
일 칭찬 해주는 것이 더 중요하다. 내 안의 잠들어 있는 위대

한 능력을 깨울 수 있는 가장 좋은 방법으로 칭찬만큼 좋은 것이 없다.

　내가 나를 칭찬하지 않고 나를 사랑하지 않으면 다른 사람들도 나를 사랑해 줄 수가 없다. 다른 사람이 칭찬하기 전에 먼저 나 자신에게 매일 멋진 칭찬을 들려주자. 칭찬을 할 때는 지금 내가 가지고 있는 외모나 마음씨를 칭찬하는 현재칭찬을 할 수도 있고 내가 앞으로 그렇게 되고 싶은 미래칭찬 두 가지를 할 수 있다.

　예를 들어 현재의 나는 자신감이 크다면 '나는 자신감이 큰 사람이다.' 라고 칭찬해주고 미래의 나의 모습이 훌륭한 사람이 되는 것을 원한다면 이것도 현재형으로 '나는 훌륭한 사람이다.' 라고 칭찬해주는 것이다. 지금은 훌륭한 사람이 아니라고 생각하더라도 계속 현재형으로 '나는 훌륭한 사람이다'라고 얘기하면 나의 뇌는 지금의 나를 훌륭한 사람으로 만들어준다. 뇌는 진짜와 거짓을 구별하지 못한다고 한다. 내가 멋있지 않아도 멋있다고 생각하면 나를 멋있게 만들어 줄 것이고 내가 최고가 아니지만, 계속 최고라고 이야기해 주면 뇌는 결국 나를 최고로 만들어 줄 것이다. 독일의 대철학자 괴테도 이런 말을 했다.

"자신의 요구하는 것을 이루기 위해서는 자신의 실제 모습보다 자기 자신을 더욱더 위대하게 여겨야 한다."

실제로 모든 사람들은 DNA 안에 위대한 사람이 될 수 있는 능력을 가지고 있다. 내가 그것을 칭찬을 통해서 밖으로 나올 수 있게 하면 되는 것이다. 아래 자신을 칭찬하는 문장을 보고 그대로 따라 해도 좋고 더 좋은 칭찬이 있으면 스스로 만들어서 매일 자신에게 들려주어 보자.

〈세계 최고를 만들어 주는 자기 칭찬 100가지〉

1. 나는 최고다!
2. 나는 나를 사랑한다!
3. 나는 멋진 사람이다!
4. 나는 아름다운 사람이다!
5. 나는 매력적인 사람이다!
6. 나는 훌륭한 사람이다!
7. 나는 위대한 사람이다!
8. 나는 성공한 사람이다!
9. 나는 수억대의 경쟁률을 뚫고 태어났다!
10. 나는 수천 번의 넘어짐 끝에 일어나 걸었다!
11. 나는 자랑스러운 대한민국 국민이다!

12. 나는 아름다운 지구에 살고 있다!

13. 나는 숨을 쉴 수 있고 지금 건강하게 살아있다!

14. 나는 건강한 두 눈으로 글을 읽을 수 있다!

15. 나는 튼튼한 두 다리로 걸을 수 있다!

16. 나는 사랑하는 가족들이 있다!

17. 나는 사랑하는 친구들이 있다!

18. 나는 사랑하는 동료들이 있다!

19. 나는 성공하고자 하는 강한 욕망이 있다!

20. 나는 나는 배움에 대한 열망이 큰 사람이다!

21. 나는 지혜로운 사람이다!

22. 나는 최고의 직업을 갖고있다!

23. 나는 최고의 회사에 다닌다!

24. 나는 최고의 상품을 판매한다!

25. 나는 긍정적인 사람이다!

26. 나는 배려심이 많다!

27. 나는 도전정신이 강하다!

28. 나는 호기심이 많다!

29. 나는 독서하는 사람이다.

30. 나는 겸손한 사람이다!

31. 나는 자신감이 크다!

32. 나는 꿈이 있다!

33. 나는 잘 웃는다!

34. 나는 이해심이 많다!

35. 나는 노래를 잘한다!

36. 나는 말을 잘한다!

37. 나는 모든 면에서 점점 좋아지고 있다!

38. 나는 행복한 사람이다!

39. 나는 감사한 일이 많은 사람이다!

40. 나는 착한 사람이다!

41. 나는 인상이 좋다!

42. 나는 향기가 있는 사람이다!

43. 나는 용기가 있다!

44. 나는 빛이 나는 사람이다!

45. 나는 헤어스타일이 멋지다!

46. 나는 패션 감각이 있다!

47. 나는 센스가 있다!

48. 나는 품격이 있다!

49. 나는 다정한 사람이다!

50. 나는 성실한 사람이다!

51. 나는 활기찬 사람이다!

52. 나는 여유 있는 사람이다!

53. 나는 유머감각이 있다!

54. 나는 감수성이 풍부하다!

55. 나는 똑똑한 사람이다!

56. 나는 가정적인 사람이다!

57. 나는 나이보다 젊어 보인다!

58. 나는 몸매가 좋다!

59. 나는 너그러운 사람이다!

60. 나는 순수한 사람이다!

61. 나는 정이 많은 사람이다!

62. 나는 프로페셔널한 사람이다!

63. 나는 열정이 있다!

64. 나는 적극적인 사람이다!

65. 나는 포스가 있는 사람이다!

66. 나는 예의가 바른 사람이다!

67. 나는 특별한 사람이다!

68. 나는 교양 있는 사람이다!

69. 나는 복이 있는 사람이다!

70. 나는 행운이 있다!

71. 나는 정직한 사람이다!

72. 나는 리더십이 있다!

73. 나는 친절한 사람이다!

74. 나는 아우라가 있는 사람이다!

75. 나는 의지가 강하다!

76. 나는 영혼이 맑은 사람이다!

77. 나는 추진력이 강한 사람이다!

78. 나는 믿음직스러운 사람이다!

79. 나는 상상력이 풍부하다!

80. 나는 다른 사람들을 사랑한다!

81. 나는 좋은 일을 많이 한다!

82. 나는 아름다운 것을 좋아한다!

83. 나는 어려운 사람들을 돕고 싶어 한다!

84. 나는 행동하는 사람이다!

85. 나는 좋은 집에서 살고 있다!

86. 나는 좋은 동네에서 살고 있다!

87. 나는 좋은 취미가 있다!

88. 나는 깨끗한 물을 매일 마시고 있다!

89. 나는 맛있는 밥을 매일 먹는다!

90. 나는 무한한 잠재력을 가지고 있다!

91. 나는 은혜를 아는 사람이다!

92. 나는 아름다운 노래를 들을 수 있는 귀가 있다!

93. 나는 남의 이야기를 잘 들어준다!

94. 나는 항상 감사한 마음이 많다!

95. 나는 칭찬을 잘하는 사람이다!

96. 나는 따뜻한 사람이다!

97. 나는 갈수록 지적인 수준이 높아진다!

98. 나는 건강한 몸을 위하여 운동을 한다!

99. 나는 정신이 매우 건강하다!

100. 나는 최선을 다해 노력하는 사람이다!

작은 꿈은 혼자서 이룰수 있지만 큰 꿈은

혼자서 이룰수 없다.

꿈이 클수록 많은 사람들과 그 꿈을 공유하고

함께 이루어야한다.

07

큰 꿈은 큰 소리로
선포해야 한다

세계적인 코미디언이자 영화배우 짐 캐리는 꿈을 선포하는 이유를 너무 잘 알고 있었다. 코미디언으로 시작해서 영화배우가 되었는데 코미디언 출신이라는 선입견을 깨뜨리고 멜로, 액션, 스릴러물, 코믹물 등 모든 장르를 완벽하게 소화해내며 뛰어난 연기력으로 전 세계 모든 사람들에게 사랑을 받는 세계 최고의 영화배우이다. 지금은 영화 한 편의 출연료가 수천만 달러인 배우지만 한때는 주머니에 1달러도 없이 거리에서 노숙하던 무명시절이 있었다.

짐 캐리는 1962년 1월 17일 캐나다 온타리오주 뉴마킷에서 태어났다. 아버지는 무명음악가였고 어머니는 평범한 가정주부였다. 어린 시절 아버지가 실직하여 3남매와 함께 수많은 잡일을 하며 생활비를 벌어야 했다. 낮에는 학교에 다니고 방과 후에는 타이어 제조 공장에서 일했다. 그러나 갈수록 가족의 가난은 심해졌고 급기야 소형화물차에서 다섯 식구가 이 도시 저 도시를 돌아다니며 생활하기도 했다.

그러다 자기가 남을 웃기는데 조금 소질이 있다는 것을 발견하고 3류 코미디언들이 서는 무대에 서게 된다. 하지만 거기서도 매일 야유를 받고 코미디언으로서 인정을 받지 못하였다. 그렇게 3류 인생을 살던 어느 날 큰마음을 먹고 영화배우가 되겠다는 꿈을 가져 고향을 떠나 미국 헐리우드로 가게 된다.

할리우드에서는 생활이 더욱 어려워졌다. 잠잘 곳도 없어서 낡은 중고차를 구입해 차 안에서 새우잠을 자고 근처 빌딩 화장실에서 세수를 했었다고 한다. 햄버거 하나로 하루를 버티고 정말 노숙자처럼 생활한 것이다. 캐나다 고향에 계신 어머니는 가난 때문에 병원에서 치료도 받지 못하고 있었다.

짐 캐리는 어머니 치료비도 제대로 보내드릴 수 없었다고 한다. 그러던 어느 날 할리우드가 보이는 큰 산에 올라가 이렇게 큰소리로 외쳤다고 한다.

'나는 세계 최고 영화배우가 될 것이다.'
'반드시 1,000만 달러를 받는 영화배우가 될 것이다.

이렇게 크게 자신의 꿈을 소리치고 내려오자 다시 자신감이 생겨 다음날도 계속 영화 오디션을 보러 다녔다. 그렇게 아무도 알아주지 않는 무명배우 생활을 오랫동안 하면서 매일 산에 올라가서 큰소리로 외쳤다고 한다.

그렇게 지내던 어느 날 수표책을 한 장 찢어서 영화출연료 1,000만 달러를 짐 캐리에게 지급함이라고 적고 지갑에 넣고 다녔다. 짐 캐리는 목표가 분명했고 너무나 간절히 원했다. 간절한 만큼 산에 올라가 매일 크게 소리를 질렀을 것이고 간절히 원한만큼 노력했을 것이다. 목표가 크면 그만큼 노력을 할 수밖에 없다.

그 당시에는 말도 안 되는 황당한 목표였지만, 모두가 믿을 수 없었던 큰 목표였지만 짐 캐리는 자신을 믿었다. 그 믿음의 결과는 드디어 5년 뒤에 현실이 되었다. 1995년 덤 앤 더머와

배트맨 두 영화의 출연료로 무려 1,700만 달러를 받게 된 것이다. 지금 우리 돈으로 약 200억을 받은 것이다.

짐 캐리처럼 간절히 꿈을 바라고 큰소리로 외치면 반드시 꿈을 이룰 수 있다. 중요한 것은 단 한 순간도 자신을 의심하지 말고 끊임없이 스스로를 응원하고 격려 해주어야 한다.

과정이 힘들고 고통스러워도 긍정적으로 생각하고 웃으면서 극복하면 반드시 세상은 당신이 바라는 것을 갖도록 도와줄 것이다. 짐 캐리의 성공담이 전 세계 많은 사람들에게 전해져 큰 영향력을 펼치는 것처럼 당신도 세계 최고가 되면 큰 영향력을 펼치게 될 것이다.

최고는 다른 사람들의 말에 흔들리지 않는다.
최고는 언제나 당당하고 힘이있고 여유가 있다.

08

꿈 너머의 더 큰 꿈을 꿔라!

어린 시절 가졌던 꿈을 어른이 되어 이루는 사람은 무척 드물고 꿈을 이룬 몇몇 사람들 또한 그 꿈에서 만족하며 살기도 한다. 지금의 모습에 만족하는 사람은 더 낳은 발전을 하기 힘들다. 그리고 자신의 꿈을 이루었더라도 허무함이 밀려오고 그 뒤로 무엇을 해야 할지 방황을 하게 된다. 방송에서 많은 인기를 끌던 한 개그맨이 우울증에 걸렸다는 신문기사를 본 적이 있는데 자신이 목표로 한 개그맨이 되고 많은 돈을 벌고 나니 그다음에는 무엇을 할지 몰라 사는 것이 재미가 없고 우울하다고 했다.

어린 시절 유명한 명문대에 입학하고 대기업에 들어가는 것을 꿈으로 품고 대기업에 입사했지만, 그다음 무엇을 해야 할지 몰라서 퇴사하거나 또 다른 회사로 이직하는 사람들이 정말 많은 것이 현실이다.

이런 이유의 근본적인 문제는 바로 꿈 너머의 꿈 궁극적인 나의 마지막 꿈이 없기 때문이다. 먼저 얘기한 개그맨의 경우는 더 큰 목표가 있었어야 했다. 예능 프로그램 MC가 되어 시청률을 50%까지 올리고 싶다든지 대한민국 최고 개그맨을 넘어 아시아뿐만 아니라 전 세계 모든 사람들에게 웃음을 주고 싶다는 꿈이 있었다면 지금의 인기에 만족하지 않고 더 노력하며 살았을 것이다.

대기업에 들어가는 것을 꿈꾸었던 아이도 대기업에 들어가고 난 후 더 구체적으로 그 회사에 사장이 되겠다든지 아시아 지사장을 꿈꾸고 대기업 그룹 회장까지 꿈을 꾸어 세계에서 가장 존경받고 사회에 공헌하는 회사를 만들겠다는 꿈을 가져야 한다는 것이다. 대한민국은 전 세계 230개국 중의 하나이고 나라 크기도 작은 편에 속한다. 하지만 누구나 전 세계를 무대로 마음껏 나의 재능을 펼칠 수가 있다.

세계 최고를 꿈꿔야만 하는 이유는 절대로 만족하지 않고 더욱더 자기 자신을 발전시킬 수 있기 때문이다. 대한민국 최고를 꿈꿔라! 그리고 대한민국 최고가 되고 난 후에는 반드시 세계 최고를 꿈꿔야 한다. 그럼 더 가슴 뛰는 삶 더 노력하는 삶 더 최선을 다하는 삶을 살게 될 것이고. 더 즐겁고 멋진 삶을 살게 될 것이다.

대한민국 최고가 되겠다는 꿈을 꾼 후 더 큰 세계로 꿈을 키운 박지성 선수에 관한 이야기를 전해주고 싶다. 박지성 선수는 세계 최고의 명문구단인 멘체스터 유나이티드에서 세계 최고의 선수들과 함께 선수 생활을 했다. 박지성 선수의 어릴 적 꿈은 대한민국 국가대표가 되는 것이었다. 우연히 TV에서 국가 대표팀과 외국 선수들의 경기를 보았는데 너무 멋있어 보였다고 한다. 계획도 구체적으로 세웠다.

일단 청소년국가대표팀에 들어가자. 그다음에 올림픽 대표가 되고 마지막에 국가대표가 되어 월드컵에 나가겠다는 꿈을 세웠다. 하지만 그에게는 축구선수로서 불리한 점이 유난히 많았다. 키도 작았고 체격도 다른 선수보다 유난히 왜소했다. 그리고 평발이었다. 그래도 자신감은 그 누구 못지않았고 늘 자신은 최고다, 라는 심리조절 훈련을 했다고 한다. 매일 남몰래 혼자 늦은 밤까지 미친 듯이 훈련을 했다.

그 결과 실력이 점점 좋아졌고 수원공고 3학년 때는 17년 만에 우승의 주역이 되기도 했다. 당연히 많은 대학에서 러브 콜이 들어올 거라 예상했고 평소 가고 싶었던 고려대에 지원했지만, 떨어지고 어느 대학에서도 그를 받아주지 않았다. 이유는 체격이 너무 왜소하다는 것이었다. 당시 박지성 선수의 아버지는 마트 한 코너에서 정육점을 하고 계셨고 IMF로 가게 문을 닫게 되어 생활이 무척 어려웠다고 한다. 어느 날 아버지가 한숨을 내쉬며 말씀하셨다.

"너 대학 못 가면 뭐 하고 살래? "

박지성 선수는 이렇게 대답했다.

"통닭집 사장이 될래요."

대한민국에서 배출한 세계적인 축구선수가 통닭집 사장이 될 뻔한 것이다. 다행히 어느 날 명지대 축구 감독에게 전화가 왔다. 축구부에는 정원이 모두 찼는데 다행히 테니스부에 한 명이 들어올 수 있다고 일단 테니스부에 들어와서 축구를 할 수 있도록 도와주겠다고 한 것이다. 자신의 잠재력을 알아봐 주신 감독님에게 너무나 감사했다.

　그날 아버지와 함께 두 부자가 엉엉 울었다고 한다. 박지성 선수는 자신을 믿어준 감독님에게 더 잘 보이고 싶기도 하고 어렵게 대학교에 들어와서인지 그 전보다 더 치열하게 축구를 했다. 하늘은 스스로 돕는 자를 돕는다고 한 것처럼 드디어 기회가 왔다. 우연히 올림픽 국가 대표팀과 명지대 축구부의 연습경기가 있었는데 박지성 선수가 수비수 5명을 제치고 50미터 중거리 슛을 날려 골을 시킨 것이다.

　그 모습을 관심 있게 지켜본 당시 올림픽 국가대표 감독님이 곧바로 박지성 선수를 올림픽 국가 대표팀으로 발탁시켰다. 당시에 명지대는 다른 대학교에 비교하면 아무도 알아주지 않는 3류 축구부였지만, 다른 사람들의 시선에 아랑곳하지 않고 묵묵히 최선을 다한 결과 대 반전의 올림픽 국가대표 선수가 된 것이다. 그 이후 일본 프로축구 구단에서 많은 연봉을 받고 선수 생활을 하다 마침내 명장 히딩크 감독의 눈에 띄어 2002년 월드컵 국가 대표팀에 합류가 되었다. 히딩크 감독이 박지성을 좋아한 이유는 다른 선수보다 유난히 성실하다는 것이었다고 한다. 그리고 항상 지금의 실력에 만족하지 않고 더 열심히 노력하는 모습에 반했다고 한다.

박지성 선수는 어릴 적 꿈인 국가대표가 되어 월드컵에 나가게 되었고 천금 같은 골로 4강 신화의 주역이 되었다. 그가 거기까지만 꿈을 가졌다면 지금까지 많은 사람들에게 오랫동안 사랑받을 수 있기는 힘들었을 것이다. 그는 더 큰 꿈을 꾸었다. 세계 최고의 선수들과 함께 경기하고 싶었다. 세계 최고의 축구선수를 꿈꾸었던 것이다.

물론 쉽지 않았다. 히딩크 감독을 따라 네덜란드 에인트호번에서 선수 생활할 때 한국으로 돌아가고 싶다는 생각을 매일 했다고 한다. 그라운드에 들어설 때마다 관중석에서 야유가 들려왔다. 검은 머리 동양인이 자기 나라에서 뛰는 것이 그냥 마음에 들지 않았다. 잘해도 욕을 먹고 못 하면 더 많은 욕을 먹었다고 한다. 하지만 포기하지 않았고 더 마음을 강하게 먹고 그라운드에 나설 때마다 이렇게 주문을 걸었다고 한다.

"그라운드 안에 22명의 선수 중에 내가 가장 최고다"

항상 자신을 최고의 선수라도 믿으면서 경기를 한 결과 점점 실력이 좋아지자 관중들의 야유소리가 점점 사라졌고 마침내 자신이 등장할 때마다 큰소리로 응원을 해주었다. 그렇게 몇 년을 상대 선수와 싸우고 관중과 싸우면서 실력뿐만 아니라 정신력이 더 강해졌다. 그리고 마침내 꿈에 그리던 구단에서 전화가 걸려온다. 세계 최고의 구단 멘체스터 유나이티드에서 입단제의가 온 것이다. 수백억 연봉을 받는 선수들과 함께 그라운드에 선다는 자체가 너무 영광이었고 꿈만 같았다.

세계 최고의 선수 루니, 긱스, 에브라 등 너무나 화려하고 멋진 선수들과 매일 함께 연습하고 경기를 했다. 이제는 대한민국 선수뿐만 아니라 전 세계 모든 선수들이 부러워하는 세계 최고의 축구선수가 된 것이다. 실력 또한 국내에서 뛸 때보다 더욱더 향상되었고 모든 면에서 크게 변화되었다. 박지성 선수 한 사람의 영향력으로 대한민국 모든 축구선수들의 꿈이 이제 국가대표가 아니라 세계 최고 명문구단에서 뛰는 세계 최고 축구선수가 되겠다는 꿈으로 바뀌었다.

축구선수를 꿈꾸는 사람뿐만 아니라 모든 사람들에게 들려주고 싶은 박지성 선수의 이야기가 있다.

"만족하는 순간 멈춘다는 겁니다. 현재 충분하다고 긴장을 풀어버리는 순간 끝입니다. 청소년 대표가 되거나 올림픽 대표로 발탁되거나 프로팀에 입단하거나 혹은 국가 대표팀의 부름을 받았을 때도 그것만으로 만족하는 후배를 여럿 목격했습니다. 그렇게 작은 꿈으로는 결코 성공할 수 없습니다. 내가 그동안 걷고 뛰면서 이곳까지 올 수 있었던 것은 작은 꿈 뒤편에 좀처럼 찾기 힘든 또 다른 꿈을 찾아내어 내 것으로 만들었기 때문입니다."

오랫동안 꿈을 그리는 사람은

마침내 그 꿈을 닮아간다

09

나라를 사랑하는 마음이
세계 최고를 만들어 낸다.

성공한 기업인이나 유명인들 그리고 역사상 위대했던 사람들의 공통점 중 하나는 바로 그 누구 못지않은 애국가라는 점이다. 애국이란 나라를 내 몸처럼 사랑하는 것이다. 진정한 애국이란 대한민국에 모든 산과 들, 강, 모든 건물, 역사와 전통, 건축물, 문화유산, 국민성 그리고 5,000만 국민 모두를 사랑하는 것이다. 내가 태어난 곳 나의 조상들이 지금까지 만들어온 나라를 소중하게 여기며 자랑스럽게 생각하고 어떻게 하면 더 살기 좋고 아름다운 나라로 만들 수 있을까 하는 마음을 가져야 한다. 이런 마음은 결국 모든 사람들에게도 전해져서 그 사람이 더 잘될 수 있도록 응원해주고 도와준다.

애국심이 큰 사람은 그만큼 크게 성공할 수 있다. 대한민국을 사랑하는 마음이 많으면 많은 만큼 많은 사람들에게 사랑을 받고 존경을 받으며 자신이 하는 일도 잘되어 대한민국 최고를 넘어 세계 최고가 될 수 있다. 그래서 세계 최고를 꿈꾼다면 반드시 애국자가 되어야 한다. 대한민국에는 세계 최고로 불리는 사람들이 많이 있다. 모두 애국심이 대단한데 그분들 중에 세계적인 골프선수 최경주 선수에 관한 이야기를 해보려고 한다.

다른 나라에서 사는 사람들은 우리나라에 있을 때보다 더욱 애국심이 높아진다고 하는데. 최경주 선수는 미국에서 오랫동안 LPGA 골프대회에 출전하면서 생활을 했다. 늘 자신이 대한민국의 대표로서 미국에 왔다는 마음으로 자신의 행동 하나하나에 대한민국의 이미지와 위상을 높이려고 많은 노력을 했다고 한다. 골프백에도 태극기를 직접 달고 신발 뒤에도 태극기를 달고 다니며 누가 물어보면 항상 대한민국에서 온 KJ 라고 소개했다.

경기가 잘 안 풀릴 때도 예선탈락이 되어 속상할 때도 늘 웃으면서 미국 팬들에게 사인을 해주었다. 단 한 번도 인상을 쓰거나 욕을 하지 않았다고 한다. 아무리 화가 나도 절대로 골프채를 집어 던지거나 골프백을 걷어차지 않았는데 자신이 만약 그런 행동을 하면 대한민국 사람들은 모두 그럴 거라는 생각을 미국 사람들에게 심어줄 수 있기 때문에 늘 인내하고 또 인내했다고 한다.

한국에서 어른들에게 공손히 고개 숙여 인사하는 것처럼 미국에 할아버지, 할머니를 만나면 늘 똑같이 고개를 숙여 인사했고 경기 중에 다른 나라 선수들은 팬들에게 싸인을 안 해주는데 최경주 선수만 유일하게 아이들에게 다가가 웃으면서 사인해주고 안아주었다고 한다. 그런 행동으로 미국 PGA 프로골퍼들 사이에서 가장 예의 바르고 착한 선수라는 얘기를 들었다. 또 태풍이나 지진으로 피해를 입을 때마다 거액을 보내 미국 사람들에게 대한민국에 대한 이미지를 높이려고 노력하였다.

이렇게 동양에서 온 작은 키에 무명 골퍼였던 최경주는 낯선 미국 사람들의 마음에 따뜻한 정과 사랑을 전해주어 그를 더욱더 응원해주었고 함께 대한민국도 응원해주어 결국 PGA 우승을 8번이나 할 수 있게 되었다.

최경주 선수는 은혜를 아는 사람이다. 자신이 골프선수가 된 것은 모두 대한민국 모든 사람들의 응원과 어린 시절 완도에서 처음 골프를 시작했을 때 마을 어른들이 골프장도 무료로 사용할 수 있게 도와주고 프로 테스트 심사비용도 빌려주신 덕분이라 그 은혜를 갚기 위해서 더 크게 성공해서 대한민국 자신의 고향 완도를 알리고 싶다고 말한다. 그런 마음으로 자신의 사비로 최경주 재단을 만들어 형편이 어려운 아이들에게 장학금을 나누어 주고 꿈을 심어주는 봉사활동을 하고 있다.

세계 최고의 꿈을 가졌던 최경주 선수

고등학교 1학년 때 처음 골프채를 잡을 때부터 세계적인 골프선수인 잭 니클라우스의 책을 본 후 자신도 반드시 세계 최고의 골프선수가 되겠다는 큰 꿈을 품었다고 한다. '큰 물고기는 큰물에서 놀아야 한다.'라고 고향에서 지금도 어부 일을 하는 아버지의 가르침대로 완도에서 서울로 상경하여 프로 골퍼로서 많은 대회에서 우승을 했고 이후 더 큰 무대인 미국에 PGA투어까지 진출하겠다는 꿈을 품어 결국 세계 최고 골퍼의 꿈을 이루었다.

'꿈이 큰 만큼 무조건 남보다 더 많이 연습해야겠다는 다

짐을 했습니다.'

고등학교 때부터 자신의 실력이나 폼이 다른 선수들보다 뛰어나지 않다고 받아들인 이후에 그들을 이기기 위해서는 무조건 연습을 두 배로 할 수밖에 없었다고 한다. 다른 선수들이 100개를 치면 200개를 치고 어떤 선수가 연습하러 7시에 나오면 6시까지 가고 저녁 10시까지 하면 자신은 11시까지 연습했다.

지금의 부인과 교제 할 때도 일요일에만 만나고 6일 내내 연습장에서 살았다고 한다.

골프장에서 레슨을 하며 생활할 때도 사람들을 가르치는 시간보다 본인이 연습하는 시간이 더 많아서 결국 쫓겨나고 너무 연습만 한다고 동료 선수들에게 미움을 받고 무려 열 군데를 넘게 옮겨 다녔다. 최경주 선수가 세계 최고가 된 것은 특별한 재능을 타고난 것이 아니라 그 누구보다 더 많은 노력과 땀을 흘린 결과다.

많은 사람들이 자신의 신체조건과 환경을 탓하며 쉽게 포기하고 불평을 하며 살아가는데 신은 공평하다는 사실을 알아야 한다. 최경주 선수처럼 키가 작고 재능이 없는 사람에게는 반드시 겸손과 노력이라는 선물을 주기 때문이다. 타고난 재능과 좋은 환경에서 자란 사람들이 더 쉽게 포기하고 넘어질 수 있는데 그들에게는 반대로 자만과 게으름이 있기 때문이다.

최경주 선수가 우승할 때마다 수십억 원에 상금을 받는 것은 너무나 당연하다.

그는 땀을 한 방울 흘릴 때마다 만 원씩 미래를 위해 투자를 한 것이다. 땀 흘린 노력은 절대로 배신하지 않는다. 반드시 그만큼 대가를 받게 된다.

미치지 않으면 미치지 않는다.

노력해도 안 된다고 하는 사람들이 있다. 맞다 노력하면 안 된다. 미쳐야 한다.

많은 사람들이 미치지 않고 성공을 꿈꾸고 최고가 되길 원한다. 불광불급이란 말처럼 미치지 않고서는 절대로 미칠 수 없다. 무언가를 목표로 도전한다면 절대로 다른 사람의 말이나 눈에 현혹되거나 흔들려서는 안 된다. 이 우주에 나 혼자만이 존재하는 것처럼 온몸을 불태우며 앞으로 나가기만 하면 된다. 가다가 넘어지면 다시 일어나면 되고 일어날 수 없다면 기어서라도 가야 한다.

이것이 바로 세계 최고가 되는 유일한 길이다. 세계 최고가 되는 길은 사실 험난하다. 가시밭길을 걸어야 하고 추운 남극을 맨몸으로 걸어가야 한다. 세상 사람들의 조롱과 멸시를 받을 수도 있고 믿었던 사람의 배신으로 큰 절망에 빠질 수도 있다. 그래도 계속 앞으로 나가야 한다. 꿈을 이루어 가는 과정에서 반드시 시련과 실패를 겪어야 한다. 하지만 절대로 실패를 두려워해서는 안 된다.

내가 더 크게 성장하기 위해서는 그만큼 큰 좌절과 절망, 슬픔, 고통을 견뎌야 한다. 다이아몬드가 가치 있는 것은 오랫동안 수천 도의 열과 엄청난 압력을 견디어 냈기 때문이다. 지금 세계 최고라 불리는 사람들은 모두 이러한 경험을 했다. 과정을 두려워하지 말고 최대한 인내하고 즐기면서 가야 한다. 행복과 고통은 정비례한다. 고통을 겪으면 겪은 만큼 반드시 행복을 만나게 될 것이다.

현실주의자처럼 살면서

낭만주의자가 되라

10

실패하지 않는 유일한 방법은
포기하지 않는 것이다.

꿈을 이룰 수 있는 유일한 방법은 절대 포기하지 않고 끝까지 도전하는 것뿐이다.

맹수의 왕 호랑이는 어떤 동물보다 도전적인 동물이다. 호랑이는 20번 나서 사냥하면 19번을 실패하지만 단 1번의 성공을 위해 사냥 나서기를 쉬지 않는다고 한다. 실패는 잘못한 것이 아니라 성공으로 가는 하나의 과정일 뿐이다.

만물의 영장인 인간도 짐승인 호랑이에게 배워야 한다. 호랑이처럼 실패를 두려워하지 말고 끝까지 도전하는 정신을 가져야 한다.

태어나서 한 번도 실패하지 않은 사람이 있다면 그 사람은 지금까지 단 한 번도 도전하지 않은 사람이다. 그 사람이야말로 진짜 실패한 사람이다. 도전하지 않는 사람에게는 그 어떠한 변화도 기대할 수가 없다. 그 사람은 결국 실패한 삶을 살아갈 것이다.

도전하는 사람은 늘 자신의 심장이 뛰는 소리를 듣고 진정으로 살아있다는 것을 느낄 수 있다. 도전하는 삶 자체가 아름다운 삶이다. 도전하였다가 실패해도 아름다운 삶이다. 다만 그 실패를 딛고 다시 도전해야 아름다워질 수 있다. 성공한 사람들은 모두 수많은 실패의 경험과 엄청난 정신적 육체적 고통의 경험을 가지고 있다.

실패의 좌절감을 경험하더라도 엄청난 고통을 겪고 있더라도 계속 도전해야 한다. 넘어졌다면 한 번 더 일어나고 오늘 실패했다면 하루만 더 참고 내일 다시 도전해야 한다. 목표를 향해 꿈을 향해 계속 앞으로 끊임없이 전진해야 한다. 넘어졌다면 일어나고 일어날 수 없다면 기어서라도 계속 전진해야 한다. 그동안 참을 만큼 참았고 버틸 만큼 버텼다면 무조건 성공하는 법칙을 선물로 알려주겠다. 바로 만 번의 법칙이다.

1번해서 안되면 10번하면 된다
10번해서 안되면 100번하면 된다
100번해서 안되면 1000번하면 된다
1000번해서 안되면 10000번하면 반드시 된다

인디언 속담 중에도 '자신이 원하는 것을 큰소리로 10000번을 외치면 반드시 이루어진다.'라는 말이 있다. 인디언들이 비가 내리게 해달라는 기우제를 지내면 항상 비가 내린다. 그 이유는 비가 내릴 때까지 기우제를 지내기 때문이라고 한다.

위대한 발명가 에디슨도 4000번의 실험에 도전하여 마침내 전구를 만들어 냈다.
에디슨은 4000번의 실험을 한 것이지 절대 단 한 번도 실패를 한 적이 없었다고 말했다. 그동안 몇 번의 실패를 경험했다면 실패라는 단어보다 지금까지 실험했다고 생각하고 계속 도전해야 한다.

지금까지 지구상에 10000번까지 도전한 사람 이야기는 못 들어봤는데 그 이유는 모두 그 이전에 성공하였기 때문이다. 자신이 원하는 것을 만 번을 외치고 만 번을 도전하는 사람에게 불가능한 일은 지구상에 결코 없다. 불가능은 영원한 것이 아니라 일시적인 것이다. 세상에 안되는 건 없다. 그 누군가가 해낸 일이라면 반드시 나 자신도 할 수 있다고 믿어야 한다.

만 번을 도전해서 안 되는 일은 없다. 누구나 만 번을 도전하면 다 이룰 수 있다. 끝날 때까지 끝난 것이 아니다. 끝까지 도전하라.

도전할 때는 반드시 시련과 고통이라는 친구가 따라오게 되어있다.
2000년 전에 동양의 대사상가 맹자 선생님이 이런 말씀을 남기셨다.

'하늘이 장차 그 사람에게 큰 사명을 내리려 할 때는
반드시 먼저 그 마음과 뜻을 흔들어 괴롭히고

뼈마디가 꺾어지는 고통을 당하게 하고
그의 생활을 궁핍하게 하며

그가 하는 일마다 어지럽게 하나니

이는 그의 타고난 작고 못난 성품을 두들겨서 참을성을 길러 주어 지금까지 할 수 없었던 일도 해낼 수 있도록 하기 위함이니라.'

지금 자신이 하고 있는 일이 힘들고 어려울 때면 맹자 선생님의 말씀으로 위안을 받고 힘을 내어 다시 용기를 가지고 도전해야 한다. 끝까지 도전하라. 만 번을 도전하라. 당신도 위대한 사람이 될 수 있다.

이미 이루어진것처럼 말하고
꿈을 이룬사람처럼 행동하라

작은 일에 지극정성을
다하면 큰 일을 이룬다

소사지성대사성

맹자의 세계 최고가 되는 법

11

동양의 위대한 철학자 맹자 선생님이 2000년 전에 어떻게 하면 세계 최고가 될 수 있는지 알려주신 비법이 있다. 이 비법은 너무나 단순하지만, 절대적인 진리라고 모든 사람들이 믿고 있다. 맹자시대 많은 제자들이 선생님을 존경하고 모셨는데 어느 날 한 제자가 맹자 선생님에게 이런 질문을 하였다.

"선생님 순임금처럼 훌륭한 사람이 되고 싶은데 어떻게 하면 될까요?"

순임금은 중국 고대의 임금으로서 중국 역사상 가장 위대한 성인 임금이다. 공자와 맹자도 순임금을 롤 모델로 삼을 정도로 가장 이상적인 군주다. 제자는 순임금을 롤 모델을 삼고 그처럼 되고 싶어 했는데 그 방법을 맹자에게 여쭤본 것이다.

맹자는 제자의 질문을 듣고 아주 단순하고 명쾌하게 답변해 주었다.

"네가 순임금이 되고 싶으냐? 그럼 순임금처럼 똑같이 행동하고 순임금처럼 똑같이 말하며 순임금처럼 똑같은 옷을 입고 다녀라. 그럼 너는 순임금이 될 것이다."

내가 삼고 있는 최고의 모델을 설정하여 그가 하는 모든 것을 똑같이 따라 하면 나 역시 최고가 될 수 있다고 말씀하신 것이다. 최고가 되는 법은 이처럼 매우 쉽지만 그대로 행동하는 것은 매우 어렵다. 우리는 많은 것을 알고 있다. 어떻게 하면 성공할 수 있는지 알고는 있지만 실천하지를 못하는 것이다. 아는 것이 힘이 아니라 행동하는 것이 힘이다. 지금부터 맹자 선생님이 말씀하신 것처럼 롤모델을 찾아서 매일 매일 조금씩 그처럼 닮아가려고 노력한다면 반드시 세계 최고가 될 수 있다.

과학 법칙 중 양질 전화의 법칙이라는 것이 있다. 어떠한 사물이나 현상이 아무런 변화 없이 양적으로만 계속 증가하다가 어느 한계점에 다다르면 순간적으로 질적인 변화가 이루어진다는 것이다. 아주 작은 노력이라도 매일 매일 행동하면 빗방울 한 방울 한 방울이 모여 강이 되고 바다가 되는 것처럼 엄청난 결과를 보여줄 수 있다. 상대성이론으로 위대한 과학혁명을 일으키신 아인슈타인 박사님도 성공에 관해 훌륭한 말씀을 남겨주셨다.

'어제와 똑같이 오늘을 살아가는 사람이 내일이 나아지기를 바라는 것은 정신이상 행동이다.'

노력도 하지 않고 성공하기를 바라는 것은 정상이 아니라고 강하게 말씀을 하신 거다.

세계 최고가 되고 싶다면 오늘부터 어제와 다른 노력을 해야 한다. 아주 작은 습관부터 하나씩 바꿔라. 세계 최고가 되어있는 사람들이 매일 하는 작은 습관 7가지를 특별히 공개하겠다. 필자가 수천 명의 세계 최고들을 분석하여 그들의 습관 중 가장 훌륭한 습관을 발견했다. 참고로 2번은 세계적인 갑부 빌 게이츠가 신문 인터뷰에서 자신의 최고의 성공비법이라고 말한 것이다.

1. 아침에 눈을 뜰 때 웃으면서 기분 좋게 일어난다.

2. 매일 소리내어 나의 목표를 말한다.

3. 책, 신문, 등 최신 정보를 매일 읽는다.

4. 자주 걸으며 사색하고 규칙적인 운동을 한다.

5. 누구를 만나든 웃으면서 기분 좋게 인사한다.

6. 자신과 타인에게 사랑합니다. 감사합니다. 말을 자주 한다.

7. 만나는 모든 사람들에게 칭찬을 해주어 기쁘게 해준다.

위 7가지 습관은 모든 사람들이 너무 쉽게 할 수 있는 습관이다. 이렇게 좋은 습관을 가진 사람은 반드시 성공할 수 있고 원하는 꿈을 이룰 수 있다. 100일 정도만 매일 시도해보라. 반드시 위대한 변화를 체험할 수 있을 것이다.

꿈이 가라고 하는대로만 가면 된다
그 어떤 말도 듣지마라
꿈이 시키는 대로만 하면 꿈으로 갈수 있다

세계 최고를 만드는 독서의 힘

12

'나는 매일 밤 독서를 한다. 대중적 신문이나 잡지 외에도 적어도 한 가지 이상의 주간지를 처음부터 끝까지 읽는 습관이 있다.

만일 내가 과학과 비즈니스 등 관심 분야의 책만 읽는다면 책을 읽고 나서도 나에게 아무런 변화가 일어나지 않을 것이다.'

이 말은 마이크로 소프트를 설립한 세계적인 갑부이며 세계 최고 기부자인 빌 게이츠가 한 말이다. 책을 읽지 않고도 물론 세계 최고가 될 수 있지만, 그것은 일시적인 순간의 세

96

계 최고일 뿐 영원한 최고는 될 수 없다. 특히 스포츠 분야에서는 자신의 육체적인 한계를 극복하면 세계 최고가 될 수 있다. 그러나 죽기 전까지 모든 면에서 세계 최고의 삶을 살아가는 것은 힘들 것이다.

세계 최고는 나 혼자만의 경험과 능력만으로는 이루어질 수 없다. 나보다 훌륭한 사람 존경하는 사람들의 경험과 조언, 지식을 통해서 이루어지는 것이다. 빌 게이츠처럼 내가 지금 하고 있는 분야에 책뿐만 아니라 전혀 상관없는 다른 분야의 책을 읽게 되면 나의 지식과 다른 사람의 지식이 합쳐져서 1 더하기 1이 2가 아닌 100이 나올 수도 있고 1000의 새로운 지식이 탄생 될 수도 있다. 이 세상에 모든 지식은 새로운 것이 전혀 없고 기존에 알고 있던 지식이 융합하여 이루어진 것이다.

독서라고 해서 꼭 책만 읽으라는 것은 아니다. 모든 정보는 다 책이라는 마음으로 늘 배움의 자세로 유튜브, 페이스북, 인터넷 등을 활용하여 동영상, 문자를 보면 되는 것이다. 중요한 것은 책이라는 형식의 종이가 아니라 무엇이든지 배우겠다는 태도를 가져야 한다. 책은 나보다 더 많은 지식을 가지고 있고 더 많은 경험을 가진 사람들이 만든 것인데 책을 읽는 것보다 더 좋은 것은 책을 쓴 사람을 만나서 이야기를 듣는 것이다. 하지만 시간과 공간의 제약을 생각했을 때 책을 읽는 것이 훨씬 효과적이다. 40년 동안 하버드대학교에서 총장을 지내셨던 엘리엇 총장이 이런 말을 남겼다.

'매일 15분씩 10년 동안 고전을 읽는다면 하버드를 졸업한 사람보다 더 많은 교육을 받은 것이다'

하버드, 예일대 졸업장보다 더 중요한 것이 독서습관이다. 우리가 지금까지 초중고, 대학교에서 배운 지식은 전문분야에서 직업적으로 사용할 수는 있지만, 평생을 살아가는 삶에서는 많이 부족하다. 평생 살아가는 동안에는 대학 졸업 후 스스로 선택한 훌륭한 사람들의 책을 통하여 매일 배워야 한다. 지식은 매일 새롭게 바뀌어 가고 상상할 수 없을 정도로 많이 생산되고 있다. 어제의 지식이 오늘은 무용지물이 될 수도 있다.

매일 신문을 보면서 새로운 정보를 접하고 훌륭한 사람들, 현재 세계 최고라고 인정받고 있는 사람들의 책을 통해서 꾸준히 자신을 업그레이드시켜야 한다. 엘리엇 총장님이 말씀하신 것처럼 고전을 읽는 것이 정말 중요한 이유는 고전에는 요즘 사람들이 모르는 훌륭한 가르침이 더 많이 담겨있기 때문이다. 소크라테스, 아리스토텔레스, 공자, 맹자 선생님이 살던 시대에는 지금보다 더 어려운 시기였다.

매일 전쟁이 일어나고 하루에 한 끼를 먹고 살기도 매우 힘들었다. 많은 질병으로 인해 치료도 받지 못하고 30대 중반이면 수명을 다하는 사람들이 많았다. 그처럼 혼란했던 시기에 인간이 어떻게 하면 좀 더 행복해지고 인간답게 잘 살 수 있을까를 고심했던 분들의 생각은 지금 시중에 나와 있는 인문학, 자기계발 책을 내신 작가님들의 생각과 다른 것이다. 오늘 죽을지 내일 죽을지 모르는 시대에 사람들과 전쟁 걱정 없이 평균수명 80세까지 살 수 있는 지금 시대에 사람들과의 생각은 크게 다르다.

과거의 철학자들은 지금보다 더 신중하게 오랫동안 깊은 생각을 하며 살았다. 지금은 문명 수준이 많이 발달한 만큼 예전처럼 깊은 사색을 하지 못한다. 편지지에 자신이 직접 손으로 쓴 글씨를 적어서 보낼 때와 키보드를 쳐서 메일로 글을 보낼 때의 차이가 하나의 예다. 옛날에는 종이가 매우 귀했기 때문에 쉽게 글을 쓰지 못했고 지금은 누구나 쉽게 문자를 주고받는다. 쉽게 생각하고 쉽게 글을 쓰는 요즘 시대보다 그 옛날에 살았던 사람들이 더 깊은 생각을 했던 것은 너무 당연한 사실이다.

더 많은 사색을 하고 더 깊이 있는 성찰을 통한 분들의 책인 고전을 읽게 되면 누구나 큰 감동을 받고 새로운 생각을 할 수 있다. 고전의 깊이는 그 어떤 현대의 유명한 박사의 책도 따라올 수 없다. 지금 하버드에서 서울대에서 교수를 하는 분들이 아무리 훌륭해도 그분들이 소크라테스 공자님보다 훌륭하지 않은 것은 교수님들 자신도 알고 모든 사람들이 알고 있다. 지구 역사상 가장 훌륭했던 사람들에게 배워야 하는 것은 너무나 당연하다. 현재 초중고, 대학교 과정에서는 고전을 선택적으로 스스로 배우는 과정으로 교육하고 있는데 이것을 완전히 반대로 바꾸어야 한다.

고전을 필수과목으로 배우고 다른 과목들을 선택적으로 바꾸어야 지금의 모든 교육문제가 해결된다. 인간이 되어있지 않은 상태에서 무엇을 배우든 그 배움은 무용지물이 될 것이고 다른 사람들에게도 해가 되기 때문이다. 우리는 먼저 사람답게 사는 법을 배워야 하고 그것을 가장 중요한 교육철학으로 생각해야 한다. 오늘부터 고전을 읽는 도전을 하라. 고전을 많이 읽은 사람들은 모두 세계 최고가 될 수 있지만, 고전을 읽지 않고는 세계 최고가 되기 힘들다.

역사상 세계 최고였던 분들을 알지 못하고 어떻게 세계 최고가 될 수 있겠나. 세계 최고가 되고 싶다면 지구상에 살았던 세계 최고를 반드시 만나야 한다. 지구 역사상 가장 위대했던 분들의 책을 읽고 현재 세계 최고의 대가로 인정받고 있는 사람들의 책을 읽어서 그들의 지식을 짧은 시간에 모두 흡수하고 그들이 생각한 대로 행동한 대로 실천하면 누구나 세계 최고가 될 수 있다. 대한민국 역사상 가장 훌륭하신 세종대왕, 이순신 장군님도 엄청난 독서광이었다. 그분들이 읽었던 책이 바로 논어, 자치통감 등 공자, 맹자의 말씀이었다.

대한민국의 교육은 다시 조선 시대 서당에서 공자를 배우고 맹자를 배우던 때로 돌아가야 한다. 일본 강점기를 통한 군대식 주입식 암기 위주의 교육에서 완전히 탈피하여 토론하고 사색할 수 있는 진정한 교육으로 거듭나야 한다. 그렇게 되어야만 대한민국 모든 국민이 세계 최고가 될 수 있다. 세계 최고의 국민이 있는 나라 대한민국이 세계 최고의 국가가 되는 길이 바로 이것이다.

잠잘때 꾸는 꿈은 이루어질수 없지만

깨어 있을때 꾸는 꿈은 이루어진다

13

세계 최고를 만드는 글의 힘

필자는 어린 시절 꿈을 이루었고 어떻게 하면 다른 사람들도 쉽게 꿈을 이루게 할 수 있을지 오랜 시간 사색하고 공부를 했다. 그 결과 많은 방법을 알게 되었는데 그중 최고의 방법 중 하나를 말하려고 한다.

많은 사람들이 초등학교를 다닐 때는 구체적이고 명확한 꿈을 꾸는데 중학교, 고등학교, 대학교에 올라가고 어른이 될수록 서서히 꿈이 희미해지고 결국 사라지게 된다. 왜 사라질까? 왜 사라졌을까?

그 이유는 정말 단순하다. 자신의 뇌안에 기억에서 꿈이 희미해져 버렸고 지워졌기 때문이다. 중학교 때부터 대학입시

준비를 하느라 필요 없는 것들을 암기하면서 부모님이 시키는 대로 하느라 주변에서 이것 때문에 안돼 저것 때문에 안된다는 부정적인 말을 들으면서 어린 시절 꿈을 더는 생각할 수 없게 되었고 결국 꿈이 사라져버린 것이다. 뇌 안에서 꿈이 사라졌기 때문에 더는 꿈을 말할 수 없어서 꿈을 이루지 못하는 것이다. 그럼 누가 뭐라고 하든 환경이 어떻게 바뀌든지 나의 뇌에서 꿈이 사라지지 않는다면 꿈을 계속 기억할 수 있다면 꿈을 이룰 수 있지 않을까? 꿈을 잃어버리지 않는 최고의 방법은 바로 꿈을 종이에 글로 적는 것이다. 그리고 그 꿈을 매일 바라보는 것이다. 그럼 절대로 잃어버리지 않는다.

필자는 30살 때 사업을 하다가 실패하여 많은 빚을 지고 산기슭에 다 쓰러져가는 집에서 산 적이 있다. 그때 새 책을 살 돈이 없어서 서울 청계천에서 100원 200원을 주고 헌책 수 백 권을 사갖고 왔다. 하루 종일 미친 듯이 책만 읽었다. 고전, 자기계발, 성공학 등 특히 성공한 사람들의 자서전을 미친 듯이 읽었다. 어느 날 책을 보는데 성공한 사람들은 모두 꿈과 목표를 글로 적는다는 것을 알게 되었다. 꿈을 이루려면 반드시 꿈을 글로 적어야 한다는 것을 깨달았다. 뒤늦게 글의 힘을 알게 되었지만 제대로 글의 힘을 활용해 보고 싶어서 서울 종로구 인사동에 가서 붓하고 먹하고 벼루를 사갖고 왔다. 붓글씨를 한 번도 써본 적이 없었지만, 그날부터 미친 듯이 먹을 갈고 신문지에 글씨 연습을 했다. 매일 몇 시간씩 연습한 결과 한 달 후 어느 정도 글씨가 좋아지게 되었고 내가 이루고 싶은 꿈과 목표를 종이에 썼다. '반드시 개그맨이 된다', '아파트로 이사 간다', '모든 빚을 갚는다' 엄청 큰 글씨로 써서 모든 벽에 다 붙이고 천장에도 붙여서 아침에 눈을 뜨자마자 볼 수 있도록 하였다.

한여름에 땀을 뻘뻘 흘리며 먹을 몇 시간 동안 갈아 쓴 글씨라 정성이 많이 들어가서 글씨를 볼 때마다 기분이 좋아지면서 애착이 많이 갔다. 매일 붓글씨를 보면서 크게 소리쳤다. 그렇게 1년여 동안 붓글씨의 큰 힘을 체험하면서 서서히 나의 마인드와 태도가 좋아지는 것을 느꼈다.

그렇게 종이에 글을 쓴 결과 어떻게 되었을까? 산 밑에 살다가 기적처럼 KBS 개그콘서트에 출연하여 특채 개그맨이 되어 TV-CF를 4개나 찍고 모든 빚을 갚았다. 그리고 꿈꾸던 아파트로 이사를 갔다.

필자가 붓글씨로 종이에 쓴 대로 100% 모두 이루어졌다.

글의 힘은 정말 위대하다. 단순히 내 꿈과 목표를 적어놓아 잃어버리지 않게 하는 것뿐만 아니라 꿈을 볼 때마다 힘이 난다. 끊임없이 나 자신을 자극시키고 나의 정신을 강하게 만든다.

뇌는 정말 단순하다. 무언가를 이루겠다는 꿈과 목표가 끊임없이 반복적으로 뇌에 들어오면 어느새 절대 지워지지 않게 각인이 되어 그것을 반드시 이룰 수 있도록 도와준다.

세계 최고 대학 중 하나인 예일대학교에서 졸업생 500명을 대상으로 꿈에 대해 실험을 했다. 꿈을 종이에 적은 친구들은 3%였고 그냥 막연하게 머릿속에만 기억한 친구들은 70% 나머지 27%는 꿈이 없었다.

20년이 지난 후 27%는 남에 도움을 받으며 근근히 힘들게 살고 있었고 꿈과 목표를 종이에 적은 3%는 꿈과 목표를 적지 않은 97%의 사람들의 재산을 다 합친 것보다 무려 10배의 재산을 형성하였다고 한다.

미국에 건국의 아버지 조지 워싱턴은 젊은 시절에 "나는 아름다운 여자와 결혼할 것이고, 큰 부자가 될 것이며, 대통령이 될 것이다."라는 꿈을 글로 적었는데 모두 이루었다.

영화배우 이소룡은 무명 시절 "나는 미국 헐리우드에서 가장 유명한 동양인 배우가 될 것이다."라는 꿈을 글로 적었는데 그 꿈을 완벽하게 이루었다. 이소룡이 친필로 작성한 이 메모는 현재 뉴욕 헐리우드 박물관에 소장되어 있다.

세계 최고의 밴드 비틀즈의 멤버들은 작사 작곡을 하는 노트에 "우리 노래를 전 세계의 많은 사람들이 좋아하게 될 것이다."라는 꿈을 글로 적어 두었다고 한다.

딜버트로 유명한 세계적인 만화가 스콧 애덤스는 무명 시절 "나는 세계 최고의 만화가가 되겠다."라고 매일 15번 글로 적었는데 10년 후 전 세계 2천 종의 신문에 그의 만화가 연재 되었다. 이 외에도 글의 힘을 증명해줄 수많은 성공한 사람들이 있다. 꿈과 목표를 종이에 적어야 되는 이유를 다시 한 번 정리하자면

첫째 절대 잃어버리지 않는다.
둘째 매일 꿈을 바라보면서 자극이 되고 큰 힘이 난다.
셋째 나의 뇌에 깊이 각인이 되어 나의 뇌가 그 꿈을 이루게 도와준다.

필자는 30살 때 글의 힘을 알고 나서 어린 시절부터 간직해온 꿈 100개를 만들어 돌에도 새겼다. 세로로 30㎝ 정도 되는 사각형 모양 사면에 빼곡하게 새겼다. 필자의 최고 보물중 하나다. 100개의 꿈 중 많은 것들을 이루었다. 꿈은 무조건 내 눈으로 볼 수 있도록 만들어야 한다. 정말 신기하게 그냥 적기만 하고 매일 보기만 했는데 나 자신이 더 멋지게 변화되는 것을 느끼고 하나둘씩 꿈이 이루어지는 놀라운 체험을 하게 된다. 글의 힘을 믿어라. 지금 바로 종이에 글을 써라. 그리고 매일 바라보라. 반드시 꿈이 현실이 되어 내 앞에 나타나게 될 것이다. 꿈이란 보이지 않는 것을 믿는 것이다. 보이지

않는 꿈에 대한 보상은 언젠가는 내 눈으로 나의 꿈을 볼 수 있다는 것이다. 누구나 쉽게 필자처럼 꿈 100개를 만들 수 있다. 아래 10가지 항목에 따라서 10개만 만들면 100개가 된다.

1. 하고 싶은 것
2. 원하는 것
3. 가고 싶은 곳
4. 만나고 싶은 사람
5. 배우고 싶은 것
6. 갖고 싶은 것
7. 이루고 싶은 것
8. 먹고 싶은 것
9. 세상을 위해 하고 싶은 것
10. 내면의 성장을 위한 것

큰 꿈을 꾸고 많은 꿈을 꾸어 그 꿈들을 정성을 다해 글로 적어야 한다. 지금 바로 행동으로 실천하고 자주 볼수 있는 곳에 붙여야 한다. 반려동물을 키우듯이 꿈을 소중하게 여기고 잘 키워나가야 한다. 꿈은 이루었을 때보다 이루어가는 과정이 더 아름답고 행복하고 중요하다.

반드시 이루어질 나의 꿈을 믿고 그 꿈을 사랑하라!

"불가능하다고 말하면 그 무엇도 가능하지 않고
가능하다고 말하면 그 무엇도 가능하다"

자신감대통령을 꿈꿔라

14

세계 최고가 되려면 자기 자신을 100% 믿고 자신감이 늘 강해야 한다.

자신감은 한자로 스스로 자 믿을 신 스스로를 믿는 마음 즉 나를 믿는 감정의 상태다.

나는 된다. 나는 할 수 있다. 라고 100%를 믿을 때 자신 감 있는 말투와 행동이 나오고 그러한 행동으로 원하는 목표 를 꿈을 이룰 수 있다. 자신감이 없으면 아무것도 할 수 없다.

0.1% 라도 의심이 있으면 할 수 없다. 100% 완벽하게 믿어야 한다.

컴퓨터에 바이러스가 들어오면 포맷을 해야 하고 작은 바이러스로 건강을 잃을 수도 있는 것처럼 나를 믿는 마음에 0.1%의 의심도 있으면 안 된다. 365일 24시간 자신을 100% 믿어야 된다. 그런데 이게 보통사람들은 쉽지 않다. 주변에서 누군가 부정적으로 얘기하면 그 말에 쉽게 영향을 받아 흔들리고 무언가에 도전하여 한번 실패하면 다음에도 또 실패할까 두렵고 불안하여 자신을 의심하게 된다.

필자가 34살 때 쓴 첫 번째 책 제목이 '자신감대통령'이다.
약은 약사에게 자신감은 자신감대통령에게 필자는 자신감대통령으로 15년 동안 전국으로 강연을 다니며 자신감을 상승시키고 유지하는 방법을 알려주고 있다.
오랫동안 나 자신에 경험과 수많은 책을 보며 자신감에 대한 연구를 했다. 자신감만 있으면 누구나 성공하고 행복해질 수 있다. 자신감은 엄청난 자석 같은 힘이 있다. 세상에 모든 것을 다 끌어올 수 있다.
전구를 발명하고 돌아가시기 전까지 1036개의 특허를 낸 발명왕 에디슨은 자신감에 대하여 이렇게 말했다.

'성공의 제1의 요소는 자신감이다.'

필자는 어린 시절부터 지금까지 자신감이 유난히 크고 많왔다. 나 자신을 객관적으로 분석하면서 나는 자신감이 왜 늘 100%인지 생각해 보았다.

필자가 어린 시절부터 지금까지 많이 하는 행동이 있다. 초등학생들은 이것을 정말 많이 한다. 그것은 무엇일까?

바로 웃는 것이다. 웃음이 좋다는 것은 모두가 알고 있다. 웃으면 복이 온다. 웃음을 만병통치약이다 란 말을 많이 들어왔는데 웃음은 자신감과 100% 정비례한다. 웃음에 관련하여 서울대나 하버드대에 관련 학과가 있다면 필자는 그곳에서 교수를 하고 있을 정도로 웃음, 유머 연구를 수십 년 동안 하였다. 웃음에 관련한 책을 보다 중요한 정보를 하나 알게 되었는데 웃는 순간에는 부정적인 생각이 떠오르지 않는다고 한다. 웃을 때는 뇌가 순수하고 깨끗한 상태가 된다고 한다. 순수해진다는 것은 그만큼 자신을 믿고 어린아이처럼 무엇이든 할 수 있다는 마음이 든다는 것이다. 어린아이들이 어른들보다 순수하고 믿음이 강한 이유는 많이 웃기 때문이다. 너무 단순하지만 가장 중요한 행동이고 자신감을 키우는 최고의 방법이다. 지금 당장 크게 웃어보라. 즉시 반응을 알게 될 것이다. 웃으면 힘이 난다. 크게 웃으면 웃을수록 세상을 다 가진 것 같은 마음이 든다. 매일 어린아이처럼 계속 웃으면 더 순수해지고 자신을 100% 믿어 원하는 것을 쉽게 이루게 된다.

필자는 아침에 눈을 뜨자마자 크게 소리내어 웃는다. 욕실에서 이를 닦을 때도 웃으면서 닦는다.

산책을 할 때도 웃으면서 걷는다. 차를 운전하면서도 수시로 웃는다. 헬스클럽에서 운동하듯이 웃음은 운동이다 란 마음으로 하는 것이다. 웃을 일이 있어야 웃는다는 사람들이 많은데 가장 가치 있고 나에게 도움이 되는 웃음은 웃을 일이 없을 때 웃는 것이다. 억지로 웃는 것이 정말 힘들다. 몸에 힘이 정말 많이 든다. 힘들지만 웃음이 좋다는 것을 너무나 잘 알기 때문에 인내하고 헬스클럽에서 운동하듯이 매일 훈련을 하는 것이다. 웃음은 이 세상 그 어떤 운동보다 효과가 뛰어나고 나의 몸과 마음을 발전시킨다. 상상력, 창의성, 면역력 등 모든 면에서 나를 점점 더 좋아지게 만든다. 웃어라. 많이 웃고 크게 웃어라. 웃는 만큼 자신감이 커지고 자신감이 크면 클수록 원하는 꿈과 목표를 더 쉽게 더 빨리 이룰 수 있다.

처음에는 힘들지만 계속 웃음훈련을 하다 보면 나중에는 습관이 되고 무의식에 늘 나는 즐거운 사람 웃는 사람으로 각인되어 자연스럽게 자주 웃게 된다. 힘이 들어도 계속 운동한다는 마음으로 웃어라. 에너지를 투자한 만큼 힘이 든 만큼 내가 바뀔 수 있다. 뭐든지 쉽게 얻을 수 있는 것은 없다. 내가 노력한 만큼 얻는 것이다.

뇌는 진짜와 가짜를 구별하지 못한다. 나의 뇌를 속여야 한다. 아무 이유 없이 그냥 웃으면 뇌가 착각을 일으켜서 지금 기분이 좋은 상태인가보다 라고 생각해 나의 몸과 마음을 더 건강하게 만든다.

우리 뇌에는 감정을 통제하는 중추와 표정을 통제하는 중추가 있는데 서로 연결이 되어 있다고 한다. 웃는 표정만 지어도 감정이 좋아진다는 것이다. 웃으면 기분이 좋아지고 표정과 행동이 당당해진다. 자신감 있게 행동하면 마음도 그대로 따라가 강해진다. 작게 웃는 것보다 크게 웃는 것이 더 효과가 좋다. 에너지가 크게 들어갈수록 더 좋아진다. 이미 세계 최고인 것처럼 웃어라. 세상을 다 가진 것처럼 웃어라! 하하하하

"누가 더 많이 웃고. 누가 더 많은 웃음을 주었는지.
이것이 지구에서 펼치는 성공의 게임이다.

태양이 빛나는 이유는
스스로를 불태우기 때문이다.

Part
04

세상에 안되는건 없다.
다된다!

15

대한민국 최고가 세계 최고다

대한민국 최고의 예술가 한한국(韓韓國)

한한국 작가님은 대한민국이 낳은 세계적인 예술 작가이다.

지구상 유일한 분단국가인 대한민국에서 한반도의 평화 통일을 염원하고, 나아가 지구촌의 평화를 기원하고자 한글 세필 붓글씨로 가로세로 1㎝ 크기의 수만 자를 넣어 밑그림 도 없이 지도 그림을 그리시는데 십수 년째 각 나라의 지도 를 그리는 분이시다.

세계 최고를 꿈꿔라!

119

한 작품의 크기가 수십 미터에 달하는 작품도 있는데 최소 수백억 이상의 가치가 있다고 한다. 전 세계 유일의 '세계평화작가'로서 현재까지 200만 자의 한글로 전 세계 39개국의 평화지도를 완성했다.

작가님은 28년에 걸쳐 6종의 새로운 한글 서체를 개발 디자인하여 서예와 미술, 측량을 접목한 한글로 '세계평화지도'를 세계 최초로 그려 '한글 세계평화지도'를 완성해 '대한민국최고기록인증'을 받았다.

작가님의 작품들은 현재 유엔(UN) 창설 이후 최초로 UN 본부 22개 회원국 중에 미국, 영국, 중국, 러시아, 독일, 스위스, 일본, 노르웨이, 이탈리아, 캐나다, 멕시코, 베네수엘라, 브라질, 스웨덴, 아르헨티나, 오스트레일리아, 오스트리아, 이스라엘, 몽골, 폴란드, 핀란드, 대한민국 등 유엔 각 국가 대표부에 전시 영구 소장하고 있다.

이 밖에도 남북 분단 이후 최초로 북한 국제친선전람관에 전시하여 소장하고 있으며, 프랑스 정부, 주캄보디아 대한민국대사관, 국회 헌정기념관, 문화체육관광부, 경기도청, 강원도청, 경북도청, 전남도청, 제주특별자치도청, 김포시청, 화순

군청 등 국제기구 및 국가기관의 전시 소장 작가로서 국제적인 세계평화작가로 명성을 떨치고 있다.

작품 활동이 너무 고통스러워 죽음의 고비를 여러 차례 넘기기도 하고 종이를 살 돈을 구하지 못해 사채를 쓰기도 하셨다고 한다. 하지만 그 어떤 시련과 어려움 속에서도 세계평화를 위해서 무릎이 다 까지고 진물이 나도 견디셨다고 한다. 한한국 평화작가님의 작품을 보고 있노라면 모든 사람들이 고개가 저절로 숙여지고 감탄을 금치 못한다.

그 어떤 사람도 감히 흉내 낼 수 없는 세계적인 예술작품인 것이다. 전 세계에서 가장 위대한 문자인 창제한 사람을 정확히 알고 있는 유일의 문자 한글을 알린다는 목적과 한글을 통해 전 세계 모든 사람들이 서로 평화를 추구하는 세상을 꿈꾸는 분이다. 무엇보다 북한과의 평화통일을 염원하며 세계에서 가장 큰 한반도 평화지도(우리는 하나), 대작을 5년의 걸쳐 7미터 크기로 제작해 북한에 기증하였다. 우리나라보다 해외에서 더 유명하시고 더 극진한 대접을 받고 계신다.

한한국 평화작가님은 지금까지 십수 년 동안 작품을 완성하셨지만 거의 모두 기증하셨다. 기쁜 마음으로 자신의 작품을 원하는 나라가 있으면 정성과 혼을 다해 세계평화지도 작품을 제작하시고, 목숨을 걸고 수년에 걸쳐서 완성한 작품을 그에 따른 대가도 받지 않고 순수하게 평화를 위해서 각 나라에 조건 없이 무상으로 기증하신다. 그 어떤 작가도 감히 할 수 없는 위대한 일을 하셨다.

대한민국에 수많은 작가님이 계시지만 한한국 작가님처럼 위대한 철학과 나라를 사랑하고 전 세계를 사랑하는 분은 없을 거 같다. 진정한 예술이 무엇인지 보여주시고 참된 평화 작가의 길을 온몸으로 보여주시는 한한국 작가님에게 많은 분들이 더 관심을 두고 계속해서 따뜻한 격려와 힘찬 응원을 보내주었으면 좋겠다.

백운현 명장 이야기

백운현 명장은 1975년 스페인 마드리드 기능 올림픽에서 금메달을 따고 2007년 대한민국 양복 명장, 기능한국인으로 선정되셨으며 2013년 세계 최고의 양복을 만드는 각 나라 최고의 양복 명장들이 모이는 대회가 열렸는데 그곳에서 3,000만 원대 국산 명품 양복을 제작하여 세계 최고의 명장들을 놀라게 한 분이다.

이 양복은 230수 란스미어란 원단으로 만들었는데 실내에서 사육한 생후 1년 미만 양의 목덜미에서 추출한 양모 원단 1g에서 무려 170m의 실을 뽑아낼 수 있는 최첨단 기술을 적용하여 가늘고 가벼울 뿐 아니라 부드럽고 탄력성이 좋아 대기업 총수들의 맞춤형 양복 제작에 자주 사용된다고 한다. 삼성그룹 이건희 회장이 백운현 명장이 만드신 3000만 원대 양복을 입었다고 한다.

제작에만 꼬박 15일이 걸리는데 "한국이 세계 최초로 개발한 최첨단 원단을 사용한 만큼 맞춤 양복의 최고 기술을 유감없이 보여주기 위해 재봉틀을 전혀 사용하지 않고 손으로 한

땀 한땀 기워서 만든다고 한다.

백운현 명장은 전쟁이란 큰 고난과 역경을 경험하신 분이
다. 1950년 6·25전쟁 후, 여덟 명의 식구가 하루에 세 끼도 제
대로 먹지 못하고 사셨다. 중학교에 입학한 후 결국 가정형편
때문에 졸업하지 못하고 2학년 때 그만두었다.

학교를 그만둔 후로 장남으로서 가족을 먹여 살리기 위해
시작한 첫 번째 일이 양복 만드는 것이었다. 당시 백운현 명
장이 살던 마을은 미군 기지촌이었는데 양복점이 몇 군데 있
었다고 한다. 서울에서 많은 기술자가 내려와 양복을 만들었
는데. 때마침 백운현 명장의 집 건너 채의 조그만 빈방을 수
리해 세를 놓았는데, 그 방에 세든 사람이 양복 기술자였다.

아버지는 양복 기술자에게 우리 아들에게 기술 좀 가르쳐
달라고 간곡하게 부탁을 했고 그날부터 기술자를 따라다니
며 양복 만드는 법을 배우게 되었다.
바늘 잡는 법에서부터 바느질까지 차근차근 배워나갔는
데. 보통 기술자들은 늦어도 밤 9시면 집으로 돌아가는데 백
운현 명장은 혼자 텅 빈 작업장에서 새벽까지 누가 시키지도
않았는데 열심히 일했다고 한다. 힘은 들었지만 그만큼 많은

기술을 습득하게 된다는 마음에 기뻤다고 한다.

그렇게 2년 동안 기술자 선생님에게 배우던 어느 날 선생님이 서울로 떠나버렸고 자신도 선생님을 찾아 무작정 서울로 상경했지만 결국 못 찾고 한 양복점에 수습공으로 취직을 하였는데. 잠잘 곳이 없어서 양복점에서 연탄불을 피워 놓고 작업대 위에서 자다가 추위에 잠이 깨면 날이 밝을 때까지 옷을 만들었다. 그때 나이가 열일곱 살이었다. 그렇게 수습공으로 고생하던 어느 날 우연히 선생님을 다시 만나면서 더 열심히 기술을 배우다 1972년 서울에서 열리는 기능경기대회에서 2등을 하고 1974년에는 마침내 전국기능경기대회에 나가 금메달을 획득했다.

1975년 스페인 마드리드에서 개최된 제22회 국제기능올림픽대회에 한국 대표로 참가하여 금메달을 획득했다. 조그만 손으로 가족과 조국에 희망의 옷을 지어 입힐 수 있게 된 것이 꿈만 같았다고 한다.

남들이 다 가는 길을 가다 보면 결국 내가 할 수 있는 일이 없게 된다. 백운현 명장처럼 남들이 가지 않는 길이었지만 그 일을 성실하게 인내하며 오랫동안 하다 보면 반드시 세계 모든 사람들이 인정하게 된다.

현재 대학의 의류학과 졸업생이 1년에 만 명이 넘지만, 고등학교와 대학을 막론하고 남성 양복을 배울 수 있는 길이 없다고 한다. 배우고 싶은 학생들이 많아도 제대로 된 매뉴얼도 없고 몇 번의 특강이 전부인데. 그래서 백운현 명장은 직접 양복을 만들 수 있는 동영상을 CD로 제작하여 알리고 계신다. 특히 전국에 15개 교도소에 재소자들을 위하여 일주일에 한 번씩 무료로 교육을 해주고 동영상 CD도 기부하시는데. 이렇게 좋은 일을 무려 20년 동안이나 하고 있다.

백운현 명장은 대한민국이 낳은 세계 최고의 양복 명장으로서 자신만의 철학을 가지고 있는데 고객의 마음을 양복으로 승화시킨다는 것이 자신의 양복 철학"이라고 한다. 맞춤 양복은 단 한 명의 고객을 위해 며칠 동안 기본설계, 재단, 가봉 등을 두루 거쳐야 하므로 작업자의 '혼'이 들어가야 한다는 믿음을 가지고 있다.

대한민국이 세계 최고가 될 수 있는 분야는 너무나 많다. 대학을 나와서 좋은 기업에 들어가는 것도 좋지만 이처럼 남들이 잘 가지 않는 길을 도전함으로써 더 오랫동안 많은 사람들에게 큰 영향력을 보여주어 세상을 더 아름답게 변화시킬 수 있는 것이다. 앞으로 대한민국에 백운현 명장처럼 훌륭한 각 분야의 명장이 더 많이 나와 세계 최고의 명장이 가득하기를 희망해 본다.

손흥민처럼 꿈꿔라

대한민국이 낳은 세계적인 축구선수 손흥민. 대한민국에서 가장 많은 CF 섭외가 들어온다고 한다. 축구선수로 세계에서 가장 비싼 몸값의 선수 20명 안에도 들어갔다. 이적료가 무려 1000억이 넘는다고 한다.

그의 어린 시절을 생각하면 상상할 수 없을 정도에 큰 성공을 한 것이다.

손흥민이 태어날 때 아버지는 컨테이너에서 생활하실 정도로 가난했었다고 한다.

아버지 손웅정씨도 프로축구 선수 생활을 했는데 아킬레스건이 끊어져서 은퇴하셨다.

초등학생 시절 어린 손흥민은 학교에서 공부를 안 하고 하루 종일 축구만 하고 싶을 정도로 완전히 축구에 빠졌다고 한다. 그러던 어느 날 아버지에게 자신도 축구선수가 되고 싶다고 매일 졸랐다고 한다. 하지만 아버지는 이 길이 너무 힘들고 어렵다는 것을 그 누구보다 잘 알기에 말리셨다고 한다.

집안 형편도 좋지 않아 오랫동안 큰 고민을 하셨지만, 아들이 자신처럼 축구를 너무 하고 싶어 하자 결국 아들을 축구

선수로 만들기 위해 모든 것을 포기하고 직접 훈련을 시켰다.

아버지와 학교 운동장에서 매일 훈련을 하며 손흥민 선수에게 무조건 꿈을 크게 가져야 한다고 정신교육을 시켰다고 한다.

아버지의 가르침대로 어린 손흥민의 꿈은 자연스럽게 대한민국 국가대표가 아니라

세계 최고 축구선수들의 꿈의 무대인 영국 프리미어리그에서 뛰는 꿈을 갖게 되었다. 아버지와 매일 혹독한 훈련을 하면서도 꿈을 위해 견디어 냈다고 한다. 아무리 힘든 훈련을 해도 축구가 너무 재밌고 좋아서 단 한 번도 포기해야겠다는 생각을 한 적이 없었다고 한다.

손흥민이 아버지에 훌륭한 교육법으로 세계 최고 축구선수의 꿈을 갖게 되었고 이후에도 세계 최고 축구선수의 꿈을 계속 유지할 수 있었던 중요한 이유가 하나 더 있다. 바로 당시에 프리미어리그에서 뛰고 있던 박지성 선수를 롤모델로 삼았기 때문이다. 박지성 선수는 당시에 지금의 손흥민 선수처럼 모두가 인정했던 세계 최고 선수였다.

어린 손흥민에게는 나도 박지성 선수처럼 될 수 있다는 희망을 품게 된 것이다. 꿈을 이루는데 가장 중요한 요소 중 하

나가 바로 롤모델을 선정하는 것이다. 나보다 먼저 그곳에 가 있는 사람을 보게 되면 내비게이션을 보고 길을 찾아갈 수 있는 것처럼 목적지에 도착할 수 있다.

손흥민은 아버지에 특별한 1대1 코칭 덕분에 고등학교 1학년 때 또래 선수들보다 실력이 매우 뛰어나 독일 분데스리가 명문구단인 함부르크 유소년팀으로 유학을 가게 된다. 이후 영국에 토트넘으로 이적료 400억을 받고 드디어 어린 시절에 꿈인 세계 최고 축구선수들과 함께 꿈의 리그인 프리미어리그에서 세계 최고 축구선수로 뛰게 되었다.

꿈은 이루어진다. 아무리 큰 꿈일지라도 포기하지 않고 계속 꿈을 꾸고 노력하면 반드시 이루어진다. 손흥민처럼 세계 최고를 꿈꿔라

정주영처럼 꿈꿔라

현대자동차, 현대건설 등 계열사 수십 개를 거느린 현대그룹 창업주로 진정한 기업가정신을 소유한 정주영 회장처럼 꿈꿔야 한다. 정주영 회장은 작은 대한민국에 태어났지만, 사업은 전 세계를 무대로 자신의 큰 꿈을 펼쳤다. 모두가 불가능하다고 생각했었던 일들을 모두 가능으로 바꾸어놓은 불세출의 기업가이다.

정주영 회장은 최종학력이 보통학교 졸업으로 지금으로 치면 초등학교 졸업이다.

어린 시절 아버지랑 농사하는데 어느 날 평생 농사만 짓다가 인생을 끝내고 싶지 않아 서울로 홀로 상경하여 막노동일을 시작했다고 한다. 막노동하던 어느 날 방에서 자는데 빈대가 자꾸 물어서 밥상 위에서 잠을 잤다고 한다.

상다리 위에서 자는데도 빈대가 계속 물어서 상다리 네 곳에 물그릇을 받쳐서

자는데 이번에는 빈대가 천장에서 하강해서 떨어져서 물었다고 한다.

정주영 회장은 그때 큰 깨달음을 얻었다.

빈대 같은 정신이면 못할 것이 없구나. 빈대처럼 끝까지 포기하지 않고 어떻게 해서든 목표를 이루어야겠구나 하고 생각했다.

막노동 이후에 쌀집에 취직해서 배달 일을 하는데 자신의 가게처럼 너무 성실하게 일을 하여 쌀집 주인이 자식보다 좋아하여 쌀집을 물려주었다고 한다. 쌀집이 잘돼서 돈을 모아 자동차 수리 공장을 시작했는데 이것이 현대자동차에 모태가 되는 사업이었다.

직원을 60명이나 두고 하고 경영을 잘하고 있는데 어느 날 한 직원의 실수로 불이 나서 건물 전체가 다 타버렸다. 근데 정주영 회장은 직원들 앞에서 이렇게 얘기했다고 한다.

"괜찮아. 오래돼서 다시 지으려고 했어."

그 이후 6.25 전쟁이 나고 미군의 의뢰를 받아 한겨울에 유엔군 묘지를 잔디밭처럼 만들어 줄 수 있느냐? 는 의뢰가 들어왔는데 정주영 회장은 일단 '할 수 있다고' 말하고 나서 다음에 어떻게 할지를 생각했다고 한다. 며칠을 고민하다가 좋은 아이디어가 떠올랐다.

겨울이라 잔디를 구할 수가 없어서 가장 비슷한 강가 옆에서 자라는 보리를 가져다가 심어서 잔디처럼 꾸몄다고 한다. 이후에 미군 관계자들의 마음을 사로잡아 다른 일들도 모두 공사를 다 맡게 된다. 아무리 전쟁 중이라도 정주영 회장처럼 긍정적으로 생각하는 사람은 잘 되는 것이다.

이후 큰 배를 만드는 조선업에 뛰어드는데 모든 직원이 반대를 했다고 한다.

직원들은 우리나라에서는 큰 배를 만들어 본 적이 없고 기술자도 없어 어렵다고 포기하자고 말렸다. 하지만 정주영 회장은 뚝심 있게 밀어붙였다.

"어렵게 생각하면 한없이 어렵고 쉽게 생각하면 한없이 쉽다. 일단 해 보자!"

먼저 사업자금을 모으기 위해 영국에 은행을 찾아갔다고 한다.

영국 투자자들을 만나 투자를 부탁하는데 쉽지가 않았다. 모두 한결같이 이렇게 말했다고 한다.

"한국에서는 배를 만든 적이 없는데 뭘 믿고 우리가 돈을 주나요."

세계 최고를 꿈꿔라!   133

하지만 정주영 회장은 당당하게 당시에 거북선이 들어가 있는 5백 원짜리 지폐를 보여주며

이렇게 말했다.

"우리는 1500년대에 이미 거북선이라는 철갑선을 만들었다. 영국보다 3백 년이나 앞서있다."

반드시 세계 최고의 배를 만들겠다. 할 수 있다고 자신 있게 설득하여 마침내 투자유치를 성공시켰다. 지금 대한민국이 세계 1위의 선박건조 기술력을 보유한 것은 정주영 회장님의 초긍정적인 큰 꿈에서 시작된 것이었다.

전 세계 많은 사람들이 현대자동차에서 만든 차를 타고 있고 전기차를 비롯하여 수소차 같은 신기술 자동차들이 속속 출시되고 있는데 정주영 회장님의 전 세계에 자동차를 수출한다는 커다란 꿈이 존재했기에 가능했던 것이다.

당시에 우리나라에서는 독자적으로 자동차를 만들 수 있는 기술력이 없었다. 그래서 미국에 유명한 포드자동차와 협력하여 50대 50으로 투자해서 자동차회사를 만들려고 했는데 포드사에서는 정주영 회장에게 우리나라가 가난하고 못

사는 나라라 차가 별로 팔릴 거 같지 않다고 거절했다고 한다. 정주영 회장은 특유의 초긍정 마인드로 '그래 알았어. 그럼 나 혼자 만들지 뭐.' 하고 3년 만에 기적처럼 현대자동차의 첫 번째 차인 포니 자동차를 탄생시켰다. 이후 우리나라에서뿐만 아니라 전 세계에 수출하여 세계 최고의 자동차 브랜드를 만들게 된 것이다.

정주영 회장은 대한민국 모든 국민들에게 불가능이 없다는 것을 자신의 사업으로 증명시켰다. '일단 해봐!'라는 단순하면서도 성공과 도전에 있어서 가장 강력한 문장을 선물해 주셨다. 정주영 회장처럼 세계 최고를 향한 큰 꿈을 품어야 한다. 대한민국이 더 많은 분야에서 세계 최고를 이루면 대한민국 모든 국민들이 지금보다 더 행복하고 멋진 삶을 펼칠수 있을 것이다.

반기문처럼 꿈꿔라

대한민국에 위상을 드높이고 영예로운 직위인 세계 대통령을 10년 동안 하신 반기문 전 유엔 사무 총장님처럼 꿈을 꾸어야 한다. 사무총장은 유엔의 수석 행정관으로 어떤 국가나 기구의 지시나 영향을 받지 않는 국제공무원이다. 외국을 방문할 때 국가원수급의 대우를 받으며 4만여 명의 유엔 직원들의 인사에 대한 권한을 가지고 있다. 유엔 사무총장은 세계평화와 인권을 위해 가장 헌신적으로 봉사하며 국제분쟁을 예방하고 중재하는 중요한 직책이다.

그는 어린 시절 유엔에서 보내준 식료품으로 생활했을 정도로 가난한 집안에서 태어났다. 6·25전쟁으로 폐허가 된 학교에서 나무판자를 땅바닥에 깔고 앉아서 공부했는데 환경은 열악하였지만 공부하는 것을 즐겼다고 한다. 그는 어려운 집안 살림을 위해 소도 키우며 농사일을 하면서 밤늦게까지 공부를 했다.

어린 시절부터 외교관이 되겠다는 구체적인 목표를 가졌다. 외교관이 되려면 당연히 영어를 잘해야 한다는 생각에 그 누구보다 영어공부를 열심히 하였다. 중학교 1학년 때 영어를 잘하고 싶어서 집 근처에 살고 있는 미국인들을 찾아가서 영어를 가르쳐 달라고 부탁하며 배웠다. 중학교 3학년 때는 그동안 모아놓은 용돈으로 미군 부대에서 흘러나오는 영어 잡지 '타임Time'을 사서 영어공부를 할 정도로 완전히 영어에 빠져들었다.

영어 잡지 '타임'을 통해 당시에 소련과 미국의 냉전 체제에 대해서도 알게 되었고 다른 나라들의 문화와 과학기술을 접하며 대한민국을 벗어나 더 큰 세상을 알게 되었다. 그렇게 타임 잡지를 읽게 된 것이 훗날 유엔 사무총장이 되는데 큰 밑거름이 된 것이다.

고등학교 3학년 때는 미국 적십자사에서 주관하는 비스타 프로그램이 있었는데 각 나라에서 영어를 가장 잘하는 청소년을 선발해서 미국에서 한 달 동안 연수를 시켜주는 행사였다. 그는 선생님들의 적극적인 격려와 지원을 통해 대회에 나가 전국에서 영어를 잘한다는 수천 명의 학생 중에서 1등으로 선발되어 미국을 방문하게 된다. 방문 중 백악관에서 당시 대통령인 케네디 대통령과 대화도 나누었는데 케네디 대통령이 꿈이 무엇이냐고 물었을 때 당당하게 외교관이라고 답했다.

그는 꿈이 명확했고 그 꿈을 이루려고 치열하게 준비했다. 구체적으로 영어가 가장 중요한 도구라 생각하여 그 누구보다 열정적으로 영어공부를 했다. 꿈을 이루려면 그에 맞는 실력이 있어야 한다. 노력하지 않고 얻어지는 결과는 없다.

진정한 성공은 절대 실력만으로 이루어지지 않는다. 반드시 인성이 뒷받침되어야 큰 꿈을 이룰 수 있다. 반기문 전 유엔 사무총장님은 실력도 뛰어나셨지만, 인성은 실력보다 더 훌륭하신 분이셨다. 부하직원들에게도 늘 웃으며 따뜻하게 대하시고 화장실에서 청소하시는 아주머니들에게도 깍듯이 인사하셨던 분이다.

높은 자리에 있을 때도 권위의식을 가지지 않고 누굴 만나든 늘 배려하면서 겸손하게 행동해서 모든 직원들에게 존경을 받았다. 외국에서 대사로 계실 때 교민들 집에 형광등을 직접 교체해주실 정도로 친근하게 봉사를 하셨다고 한다. 그는 국가를 위해 봉사하는 공무원으로서 매우 청렴하게 생활했다. 대사관 사무실에 개인적으로 전화통화를 하기 위해 전화기를 한 대 더 놓아 가족이나 지인들과 통화할 때 요금을 본인이 냈다고 한다. 공과 사를 완벽하게 구분해서 공직생활을 하신 것이다.

　이러한 행동과 인품이 많은 사람들에게 본보기가 되었고 다른 나라 외교관들에게도 정직하고 겸손한 외교관으로 알려져 전 세계 모든 나라에서 인정한 유엔 사무총장이 되신 것이다.

　세계 최고의 꿈, 큰 꿈을 이루려면 실력과 인성 두 가지를 반드시 갖추어야 한다. 모든 사람들이 존경할 수 있는 성공이 진정한 성공이고 세계 최고가 되려면 모든 사람들에게 존경을 받을 수 있는 품성과 실력을 갖추어야 한다.

세종대왕처럼 꿈꿔라

대한민국 모든 국민들이 가장 존경하는 위대한 임금이었던 세종대왕은 태종에 셋째아들로 태어나 22살에 왕이 되셨다. 세종대왕의 가장 대표적인 업적은 한글 훈민정음 창제, 해시계, 물시계 측우기가 있다.

세종대왕은 조선 시대 임금 중에서 가장 책을 많이 읽으셨던 엄청난 독서가였다. 어린 시절부터 하루 종일 책만 보셨다고 한다. 너무 책을 많이 읽어서 병이 났는데 병이 들었을 때도 밤낮으로 책을 보셨다. 책 한 권을 얻으시면 백번을 보고 역사, 법학, 천문, 음악, 의학 등 모든 분야에 전문가 이상의 공부를 하신 임금이었다.

전 세계 역사상 세종대왕처럼 책을 많이 읽었던 왕은 없었다.

22살에 왕이 되어 70.80 넘은 영의정 좌의정 등 모든 신하들을 가르치셨던 스승이었고 가장 지혜로운 임금이었다.

세종대왕은 백성들을 진정 자신의 몸처럼 사랑하셨다. 백성들이 굶주리면 자신도 식음을 전폐하시고 백성들이 사는 초가집을 만들어서 그들의 마음을 진정으로 헤아리셨다. 그러다 백성들이 당시에 중국 문자인 한자를 읽지 못하는 것이 너무 안타까워 어려운 한자가 아닌 우리의 소리로 누구나 쉽게 문자를 읽고 쓰게 만들어야겠다는 꿈을 꾸셨다.

오랫동안 집현전 학자들과 함께 연구하여 마침내 1443년 훈민정음 한글을 창제하셨다. 한글은 세계 역사상 문자를 창제한 사람이 누구인지 아는 유일한 문자이고 전 세계 모든 문자 중 가장 과학적이고 합리적이며 민주적이고 독창적인 문자다. 또한, 각 나라 문자 중 가장 배우기 쉬운 완벽한 문자다.

한글을 배우는 외국인들이 유튜브에 올린 걸 보니 어떤 사람은 2시간 만에 배웠고 어떤 사람은 하루 만에 다 외웠다고 말을 할 정도다. 우리나라 문맹률이 전 세계에서 가장 낮은 것이 또한 그 증거다.

한글은 세종대왕이 직접 자신의 입 모양과 혀의 모양을 보고 만드셨기 때문에 세상의 모든 소리를 표현할 수 있는 세계 최고의 문자다. 세종대왕이 훈민정음을 반포할 때 많은 신하들이 반대했었다고 한다. 그중 가장 대표적인 인물이 집현전

부제학이었던 최만리였다.

최만리는 한글을 야비하고 상스러운 무익한 글자다. 중국을 섬기는데 부끄럽다고 말했다고 한다. 많은 신하들이 반대했지만, 세종대왕은 그런 신하들의 중국에 대한 사대주의를 타파하시고 싶으셨다. 우리나라의 자주성과 주체성을 위해 큰 어려움과 반대에도 불구하고 기필코 한글을 창제하셨다. 무엇보다 백성들을 아끼셨던 마음으로 끝까지 자신의 꿈을 완성하신 것이다.

백성들이 글을 모르기 때문에 소통에 어려움이 있고 억울함을 호소하기도 어렵고. 특히 농사짓는 쉬운 방법을 알려주고 싶어도 글을 몰라 힘들게 농사짓는 것을 보시고 너무 안타까우셨다고 한다. 천민이나, 노비들도 글을 알게 하여 자신의 재능을 발휘하여 누구나 출세할 수 있는 세상을 그런 꿈을 꾸셨다.

기득권층이 아닌 평범한 백성들을 진정으로 자신의 몸처럼 아끼고 사랑하는 마음을 가지신 분이셨다. 한글을 창제하실 때 밤낮으로 연구하시다가 눈병에 걸리셨는데 신하들이 걱정하자 세종대왕께서는 이렇게 말씀하셨다고 한다.

"백성들의 눈을 뜨게 할 수 있는 새로운 글자가 만들어진 다면 내 눈이 먼다 해도 상관없다."

세계에서 가장 지혜롭고 백성을 내 몸처럼 아끼고 사랑하셨던 세종대왕 이런 위대한 임금을 가진 나라라는, 것을 자랑스럽게 여기고 대한민국에 태어난 것에 큰 자부심을 갖고 한글에 대한 감사함을 늘 느끼며 살아야 한다. 한글은 세계 최고의 문자이고 세종대왕은 세계 최고의 왕이셨다.

꿈이 없는 청년이 있고 꿈이 있는 노인이 있다

꿈이 있는 노인은 청년이 되고

꿈이 없는 청년은 노인이 된다

16

세계 최고가 되려면
나눠야 한다.

1960년부터 1980년까지 미국에 있는 경영대학원(MBA) 졸업생 1500명에게 설문 조사를 했다. 어떻게 하는 것이 성공인지, 자신이 하고 싶은 일은 언제 해야 하는지에 대한 물음에 돈을 먼저 벌고 나서 자신이 정말로 하고 싶은 일을 하겠다고 했던 졸업생은 1245명이었고 반대로 처음부터 좋아하는 일, 하고 싶은 일을 하면서 살면 돈은 자연스럽게 들어올 것이다. 라고 답한 졸업생은 255명이었다.

돈이 더 중요하다고 답변한 A그룹은 83% 하고 싶은 것을 하는 것이 더 중요하다고 했던 B그룹은 17%였다. 연구원들은 이들을 무려 20년 동안 추적하였다. 놀랍게도 1500명 중 백만장자가 무려 101명이 나왔다. 그런데 더 놀라운 사실이 밝혀졌다. 돈을 좇은 A그룹에서는 단 1명이 나왔고 돈을 좇지 않았던 진정으로 하고 싶은 일을 하면서 살았던 255명 중의 100명이 백만장자의 삶을 살고 있었다. 이 사례를 통해서 진정한 성공이란 무엇인가에 다시 한번 생각하게 만든다.

세상에는 부모에게 물려받아서 재벌이 되고 세계적인 기업가가 된 사람이 있지만 평범한 가정에서 태어난 사람들이 더 크게 성공한 사례가 더 많다. 실제로 우리가 알고 있는 대부분의 세계 최고 부자들은 자수성가해서 성공했다. 빌 게이츠, 워렌버핏, 손정의, 마윈 등 이들은 부모에게 물려받지 않고 오직 자신의 능력으로 지금의 위치에 서 있다. 그리고 이들의 공통점을 찾아보니 놀랍게도 이들은 재산도 세계 최고지만 기부도 세계 최고라는 것이다.

빌 게이츠는 지금까지 수십조를 굶주림과 병에 걸려 고통스러워하는 사람들을 위해 기부했고 자신의 재산 중 90% 이상을 사회에 모두 돌려줄 거라고 세상에 발표했다. 워렌 버핏 또한 자신이 돈을 벌려고 하는 것은 세상에 나누어 주기 위함이라고 전 재산을 사회에 기부한다는 서약을 하였다. 그는 부자들이 더 세금을 많이 내야 한다고 끊임없이 목소리를 높이고 있다.

일본 최고의 부자 재일교포인 소프트뱅크 손정의 회장은 일본에 지진이 일어났을 때 1000억을 기부해 일본 사람들에게 가장 큰 존경을 받고 있고 세계적인 전자상거래 회사 알리바바를 창립한 마윈은 중국에서 가장 기부를 많이 해오고 있다. 마윈은 평범한 영어 강사를 하다가 번역회사를 창업했을 때부터 자신의 이익보다 주변 동료들에게 어떻게 하면 더 많은 일자리를 줄 수 있을까 고민했고 지금도 모든 직원을 가족처럼 친구처럼 대하며 어떻게 하면 직원들을 더 행복하게 만들 수 있을까 고민한다고 한다.

작은 부자는 노력하면 되고 큰 부자는 하늘이 내린다고 하는데 큰 부자가 되려면 자신보다 다른 사람을 먼저 생각하고 그들을 도우려는 마음이 있어야 한다고 믿는다. 그러면 하늘이 그 사람에게 부를 가져다줄 수밖에 없을 것이다. 아무리 돈이 많다고 해도 존경까지 받기는 쉽지 않다. 진정한 성공은 돈이 아니라 존경을 받고 사랑을 받는 것이다. 세계 최고라고 스스로 믿고 일부 사람들이 그렇게 이야기할 수도 있지만 진정한 의미의 세계 최고는 빌 게이츠처럼 나눌 수 있어야 하고 워렌 버핏, 마윈처럼 처음부터 나눌 생각을 하며 살아야 한다.

손정의 회장처럼 주위에 어려운 사람들이 있으면 도와줄 수 있어야 한다. 그렇게 하면 세상 사람들이 존경과 사랑을 보내줄 것이다. 이것이 진정한 성공이다. 돈을 좇아서 돈을 벌 수는 있겠지만 절대로 오래가지 않고 돈을 사람보다 더 중요시하면 절대로 존경받을 수 없다. 내가 진정으로 하고 싶은 일을 찾아서 재밌게 의미 있는 일을 하다 보면 자연스럽게 돈은 모일 것이고 설령 돈이 없다고 해도 존경과 사랑을 받을 수 있다. 나중에 돈을 많이 벌면 그때 좋은 일을 하겠다고 말하는 사람들이 있는데 그런 생각을 하는 사람 중 실제로 돈이 있을 때 좋은 일을 하는 사람은 거의 없다.

돈이 아닌 사람을 먼저 생각하고 어떻게 하면 내가 하는 일을 통해서 여러 사람들을 기쁘게 할 수 있을까를 생각하면서 살아야 한다. 꼭 물질적인 것을 주지 않더라도 따뜻한 말 한마디로 칭찬을 통해 좋은 일을 할 수도 있고, 길거리에서 휴지를 줍는 것으로도 얼마든지 세상을 위해 좋은 일을 할 수 있다. 버스를 운전하든 거리에서 물건을 팔든 자신이 하는 일을 사랑하고 지금 하는 일에 의미를 만들어 최선의 노력을 하다 보면 작은 부자가 될 수 있고 진정으로 더 많은 사람들에게 기쁨을 주어야 한다는 마음을 늘 가지고 살다 보면 언젠가 하늘이 큰 부자를 만들어 줄 거라 믿는다.

당신이 큰 꿈을 말하면 대부분 사람들은
왜 그런 꿈을 가졌느냐고 비웃지만
당신이 큰 꿈을 이루면 모든 사람들이
어떻게 그런 꿈을 가질수 있었는지 감탄한다

17

대한민국 세계 최고의
국가를 꿈꿔라

대한민국은 전 세계 230여 개국 중에서 가장 열정이 많은 나라다. 그 대표적인 증거로 2002년 월드컵 응원문화를 들 수 있다. 당시에 전 국민이 거리에 나와서 붉은 티셔츠를 입고 목이 터져라 '대~한민국'을 외쳤다. 필자는 당시에 수많은 군중 속에 있었는데 정말 대한민국 사람들의 열정은 너무 무서울 정도로 강력했다. 필자는 강연할 때마다 자주 하는 이야기가 있는데 재능을 이기는 것이 열정이라고 말한다.

1950년 6.25 전쟁으로 인해 전 국토가 폐허가 되었는데도 불구하고 수십 년 만에 전 세계 10위권에 들어가는 강국이 된 것도 전 세계 역사상 유례를 찾을 수가 없다. 이러한 힘은 바로 열정이 큰 나라이기 때문이다. 대한민국 개개인은 그 어떤 나라 사람들보다 열정이 크다. 중국과 미국보다 나라 크기가 50분의 1밖에 되지 않고 인구가 적은데도 불구하고 뛰어난 인재들이 정말 많다. 축구와 야구 모두 4강에 든 유일한 나라이고, 국가 아이큐가 106으로 가장 높다.

한류의 바람은 10년 전부터 불기 시작하여 지금은 태풍처럼 전 세계를 휘몰아치고 있다. 대한민국 사람들은 너무나 순수하고 정이 많기 때문에 바른 가치관을 가진 사람들이 많고 대의를 위해서라면 언제든지 하나가 되어 모든 것을 슬기롭게 이겨낸다.

필자는 객관적으로 오랫동안 분석하여 대한민국이 왜 세계 최고의 나라인지 연구하였다.

축구 월드컵과 야구 월드컵 그리고 올림픽에 모두 4강에 든 유일한 나라.
세계 유일 쇠젓가락을 쓰며 손재주가 뛰어난 나라.
역대 기능 올림픽에서 종합우승 1위(39회 중 16회부터 참가 15회 종합우승)인 나라.

초고속 인터넷망 보급률 1위 인터넷 속도 세계 1위인 나라.

가장 과학적이고 독창적인 세계 최고의 문자인 한글을 사용하는 나라

국가 아이큐 106으로 세계에서 가장 똑똑한 나라

문맹률이 1% 아래인 세계 유일의 나라

전 세계 230개국 중에 4계절이 가장 뚜렷한 나라

국토의 70%가 산이 있어 가장 공기가 좋은 나라

세계 1위의 선박건조율 기술을 보유한 나라

올림픽 종목 쇼트트랙, 양궁, 태권도 세계 1위 하는 나라

한류 열풍으로 전 세계를 휩쓸고 있는 문화 최강대국인 나라

세계 역사상 가장 위대한 임금인 세종대왕이 태어난 나라

세계 역사상 가장 위대한 장군인 이순신 성웅이 태어난 나라

세계에서 가장 열정이 강한 나라 2002년 월드컵 때 전 국민이 길거리로 나와 응원을 한 나라

올림픽 정식종목인 태권도가 종주국인 나라

10년 연속 세계 최고 1위 인천공항이 있는 나라

전 세계 230개국 중 군사력이 7위 육군은 4위인 나라

한반도에서도 절반이 나누어진 작은 대한민국이란 땅에

서 이룬 엄청난 업적과 자부심이다. 많은 사람들이 유태인들이 가장 똑똑하다고 이야기하는데 지금까지는 유태인들일지 몰라도 조만간 대한민국 동이족이라는 이야기가 전 세계에 모든 사람들이 입에 오르내릴 것이다. 솔직히 필자가 여러 데이터를 분석한 결과 유태인들은 선천적으로 재능을 좀 더 가지고 태어난 것 같다. 그렇지 않고서야 어떻게 노벨상을 그렇게 많이 받고 미국의 자본을 장악할 수 있겠는가?

그러나 재능을 이기는 것이 열정이라고 필자는 얘기한 바 있다. 타고난 재능은 약할지 모르지만, 열정으로 끊임없이 최선의 노력을 하면 반드시 없던 재능이 생기고 불같은 열정의 힘으로 세상 모든 사람들을 감동을 줄 수 있다. 쉽게 동화 이야기로 비유하면 유태인은 토끼고 대한민국은 거북이다. 거북이는 절대로 쉬지 않고 자만하지 않는다. 끝까지 자신의 목표를 향해 전진한다. 그리고 계속 전진하는 한 반드시 승리한다.

대한민국은 세종대왕과 이순신 장군처럼 지혜롭고 위대한 리더를 만나면 반드시 세계 최고의 나라가 될 것이다. 북한과 통일이 되면 세상 어느 나라도 함부로 할 수 없는 위대한 초일류 국가가 될 것이다. 이것은 세계 최대 투자금융회사

골드만삭스 보고서에도 나와 있다. 세계 최고 수준인 인터넷 정보화 기술로 인해 그 어떤 나라보다 소통을 잘하고 문제점들을 빠르게 보완할 수 있기 때문에 반드시 세계 최고의 국가가 될 것이다.

많은 사람들이 가장 걱정하는 분야는 정치계인데 필자는 그래도 미국 의회 200년보다 이제 시작한 지 몇 십 년밖에 안된 나라에서 이 정도면 잘하고 있다고 생각한다. 국민들 대다수가 정치에 관심이 많고 지혜롭고 훌륭한 분들이 많기 때문에 예전처럼 거짓말이 통하지 않고 점점 정치계도 투명하고 깨끗하게 변할 것이다. 젊은 층이 선거에 무관심한 이유는 정치인들에 대한 관심이 없고 자기들이 원하는 이야기를 들어주지 않기 때문이다.

그리고 젊은 층은 투표소까지 가는 것을 귀찮아한다. 집에서 컴퓨터로 하는 일들이 많기 때문이다. 그들을 정치에 관심 두게 만드는 방법은 자신의 집에서 인터넷을 통해 투표하도록 하는 것이다. 그리고 선거를 게임을 하듯이 재밌게 만들면 된다. 필자는 대한민국 정치가 변하려면 대한민국이 지금보다 더 행복하고 아름답게 변하려면 젊은 층이 투표를 하고 그들이 원하는 이야기를 들어주고 그들이 원하는 세상을 만들어 주어야 한다고 믿는다.

왜냐면 그들이 바로 대한민국의 미래이기 때문이다. 지금 젊은 층이 바로 대한민국의 주인공이 될 것이기 때문이다. 지금 기득권층인 어른들은 젊은 사람들에게 최대한 많은 것을 양보해야 한다.

경영학의 대가 피터 드러커 박사가 한 이야기 중에 가장 변화의 속도가 느린 곳이 정치권이라고 한다. 인터넷 전자투표 선거제도를 통해 속도를 내어 정치권이 가장 빨리 변화에 앞장서야 한다.

인터넷 은행 송금으로 수백억 수천억을 보낼 수 있는 세상에서 철저한 보안 프로그램으로 투표를 하지 못할 이유가 없다. 대한민국이 세계 최고가 되는 가장 빠른 방법은 인터넷 전자투표를 시행하는 것이라 믿는다.

대한민국은 다시 하나로 반드시 통일되어야 하고 통일이 될 것이다. 대한민국은 전 세계에서 가장 지혜롭고 행복한 사람들이 사는 나라가 될 것이다. 북한에는 지하자원이 7,000조 원이나 있다고 한다. 남한에 우수한 기술과 장비 인재들과 북한의 자원이 결합하여 시너지를 내어야 한다. 그리기 위해서는 북한과도 최대한 대화를 자주 하여 그들이 원하는 것을 들어주어야 한다. 하나를 주고 열을 얻으려면 먼저 주어야 한다. 그리고 반드시 약속을 명확하게 하여 절대로 서로 사소한 침범이라도 해서는 안 된다는 서약을 해야 한다.

남북한 양측의 군인들은 그동안은 서로 적대시하며 대치했지만, 남북한 합의를 통해 다른 나라의 침범으로부터의 보호를 위해서 양측 모두 서로를 침략하는 공격군에서 방어군으로서의 역할로 혁명적인 전환이 필요하다. 구체적으로 휴전선 부근에 양측에 군대를 동시에 철수시키고 평화의 상징으로 '세계평화도시'를 조성하여 각 나라의 평화를 상징하는 조형물과 기념관이 건설되어야 한다. 두바이처럼 고층빌딩과 아름다운 건물들이 들어서고 UN 사무국이 그곳에 있어야 한다.

현재 UN 본부는 미국 뉴욕에 있고 사무국은 오스트리아 빈, 스위스 제네바, 케냐 나이로비에 있다. 아시아에는 아직 없는데 반드시 대한민국에 아시아 UN 사무국을 유치해야 한다. 이것은 무리한 계획도 아니고 결코 불가능한 생각이 아니다. 지금 판문점 주변지역을 더 크게 확장해 건설하여 세계중심도시를 만들어야 한다. 그렇게 되면 대한민국은 전 세계 모든 사람들이 방문하고 싶은 최고의 여행 국가가 될 것이고 관광 수입이 엄청날 것이다. 그리고 그곳에 '세계평화유지경찰'을 구성해 치안을 담당하여 안전을 책임지게 하고 각 나라를 대표하는 경찰과 대사들이 모여서 그곳에서 매일 만나 평화를 위해 회의해야 한다.

세계의 중심이 되는 곳이라 주변의 그 어떤 나라도 침범하려고 하는 생각을 못 할 것이다. 특히 북한은 그런 생각을 더더욱 할 수가 없을 것이다. 모든 나라를 상대로 싸우고 싶지는 않을 것이기 때문이다. 북한에게 가장 필요한 것은 먹을 것과 여러 기술과 장비들일 것이다. UN에서는 필요한 것들을 최대한 전해주어 북한의 어려움을 먼저 해결해주고 '세계평화도시'에 대한 건설을 합의해야 한다.

우리나라는 20년 전만 해도 중국이 공산당 국가라고 하여 여행도 쉽게 하지 못했고 교류도 별로 없었지만, 중국이 시장경제주의를 채택하여 여행도 쉽게 하고 무역도 매년 급격하게 늘어나 서로 상생하는 나라가 되었다. 북한도 중국처럼 경제를 먼저 활성화하면 중국처럼 변화하여 여행도 쉽게 가고 개성공단뿐만 아니라 북한 전역에 더 많은 공단을 만들고 쉽게 무역을 할 수 있을 것이다. 가랑비에 옷이 흠뻑 젖듯이 천천히 조심스럽게 다가가며 마음의 문을 열도록 해야 한다. 먹고 사는 것이 해결되면 자연스럽게 자유를 갈망하게 되어있다.

북한 주민들이 스스로 변하여 통일을 갈망하게 하는 것이 가장 효과가 좋을 것이다. 대한민국은 반드시 하나로 통일이 되어야만 모든 국민이 안심하며 개개인이 자신의 역량을 모두 발휘할 수 있다. 통일 대한민국에서 진정한 세계 최고가 더 많이 탄생할 것이다. 독일이 통일된 이후에 더 크게 발전하여 선진국이 되어 모든 나라에서 부러워하는 것처럼 대한민국도 반드시 그렇게 될 거라 믿고 모두가 이러한 믿음을 가져야 한다. 모든 국민들이 통일에 대한 염원이 더 강해져야 통일을 더 빨리 이룰 수 있을 것이다.

대한민국은 세계평화의 상징이 되는 나라가 되어야 하고 그렇게 될 것이다. 지금 대한민국 주변 국가들의 여러 이해득실로 인해 혼란스러운 위기가 지속되고 있지만 모든 대한민국 국민들이 하나가 되어 슬기롭게 이 위기를 위대한 기회로 반드시 승화시킬 수 있을 거라 믿는다.

현재 대한민국에 가장 중요하고 시급한 문제는 현 교육제도를 혁명적으로 변화시켜야 한다는 것이다. 한 사람이 잘되고 못되고는 오직 교육에 있듯이 한나라가 잘되고 못되고도 마찬가지로 교육에 있다. 현재 한국은 잘못되고 있다. 교육이 잘못되었기 때문이다. 필자가 이 책을 출간한 가장 큰 목적은 성인들보다 청소년에게 진정한 교육을 전해주고 싶어서이다. 그동안 전국 수백 개의 학교에서 강연하면서 느낀 것은 교사가 학생에게 제대로 된 교육을 하고 있지 않다는 것이었다.

학생들의 잘못이 아니라 교사의 책임이 더 크다. 물론 훌륭한 교사들도 있지만, 그 수는 너무 미미해서 전체 교육의 질에 있어서 큰 의미를 가질 수 없다. 교사를 양성하는 정부에 잘못된 시스템과 입시에 대한 잘못된 제도로 인해 학생들과 학부모 선생님 모두 너무나 크게 고통스러워하고 있는데도 대통령과 국회의원, 교육을 책임지는 모든 공무원들이 너무 무책임하게 방관하고 있다. 필자는 20년 동안 교육에 관한 연구를 한 사람이다. 내 사리사욕이 아니라 어떻게 하면 모든 학생들이 모든 사람들이 행복하게 늘 웃으면서 살 수 있을까? 를 매일 깊게 고민하였다.

현 교육정책과 제도로는 세계 최고의 국민이 나오기가 너무 어렵다. 이 책을 낸 이유가 모든 국민이 지금보다 더 큰 꿈을 갖고 세계 최고가 되기를 바란 것인데 지금의 교육으로는 절대로 이루어질 수가 없기에 필자가 생각한 교육철학을 이야기하고자 책을 쓴 것이다.

대학 4년을 졸업하더라도 모두 원하는 기업에 들어갈 수 없고 사법시험, 로스쿨에 합격하더라고 평생 안정된 생활이 보장되지 않는다. 그럼에도 불구하고 여전히 정부는 수십 년 전부터 일관되게 대학을 안 가면 큰일 나는 것처럼 대입제도를 통해서 입시지옥을 만들어버렸다. 그 결과 사교육을 감당하지 못하고 가정이 붕괴되었다. 필자는 강력하게 말한다.

대학을 모든 학생들이 다 갈 필요가 없다. 정말 대학을 가서 순수하게 학문을 더 연구하고 싶은 사람은 가고 그렇지 않고 취직을 목적으로 간판을 딸 목적으로는 절대로 가서는 안된다고 말하고 싶다. 이론과 학문만으로는 살 수가 없다. 그동안 너무 지나치게 학문으로만 치우쳤는데 실제 기업과 현장에서는 기술을 가진 사람이 너무 부족하다.

기업에서 정말 필요한 능력은 대학에서 배우는 학문이 다가 아니라 인간관계, 리더십, 열정, 도전정신이 더 중요하다. 기업에서 사무직이 당연히 있어야 되지만, 모든 학생들을 사무직으로 몰아서는 안 된다. 영업사원도 있어야 하고 제조하는 사람도 있어야 기업이 돌아가는 것이다. 초등학교부터 대학교까지 공부만을 지나치게 강조한 것이 가장 큰 문제다. 자동차 세일즈를 하면서도 얼마든지 성공할 수 있고 공장에 취직해서도 명장이 될 수 있는데 왜 이런 건 가르쳐 주지 않고 오직 암기교육으로 100점만을 강조하는 것인지 현 교육제도가 너무나 잘못되었다.

실제로 대학을 나와도 그동안 배운 걸 써먹지도 못하고 자동차 세일즈를 하고 있는데. 박사학위를 따고 나서도 환경미화원이 되려고 면접을 보고 있는데 말이다. 모든 학생은 다 능력이 다르고 이해도가 다르고 암기력이 다르다. 그걸 인정해 주고 가장 잘할 수 있는 재능을 찾아주고 더 크게 발휘할 수 있도록 가르쳐야 한다. 김연아, 박지성 선수가 수학 100점을 맞지 않았는데도 수십억 이상을 벌고 전 세계 많은 사람들의 사랑을 받고 있지 않은가? 앞으로의 교육제도는 모든 과목을 평균화해서 시험을 채점하면 안 된다.

가장 잘하는 과목 하나만을 선정하여 그것만 가지고 고등학교에 가고 대학을 갈 수 있도록 해야 한다. 대학에서는 학생이 가장 잘하는 것이 무엇인가를 파악하여 우리 대학에 들어오게 되면 그 부분을 더 집중해서 교육시킬 수 있다고 설득하여야 한다. 필자가 학교 다닐 때만 해도 체육활동과 음악, 미술 시간이 많았는데 지금의 교육은 인성개발에 있어서 가장 중요한 이러한 과목이 지나치게 축소되었다.

인류 역사상 가장 훌륭했던 사람인 공자, 소크라테스, 제갈공명이 가장 중요하게 여겼던 공부가 바로 이러한 공부들이다. 운동을 통해서 협력을 배우고 성취감을 느낄 수가 있고 예술을 통해서 감성이 풍부해질 수가 있는데 지금 교육은 이렇게 중요한 것을 지나치고 오히려 학교 운동장을 축구도 할 수 없도록 만들고 아예 만들지도 않는다. 학교 수업은 공부하는 시간을 지금보다 절반을 줄이고 나머지 반은 몸으로 움직이는 수업으로 만들어야 한다.

공부는 어차피 평생 하는 것이지 대학 졸업했다고 끝나는 것이 아니다. 정말 필요한 것은 암기하는 것도 필요하다 예를 들면 구구단 같은 것은 반드시 외워야 사회 생활하는 데 큰 도움이 된다. 중요한 것은 억지로 읽게 하고 외우게 하는 것이 아니라 학생 스스로가 읽고 싶은 책을 선정해서 읽게 하고 그 안에서 무엇을 배웠는지 말하도록 하는 것이다. 학교 수업은 이처럼 독서와 토론, 스피치 교육으로 혁명적으로 변화해야 한다.

실제로 대학을 졸업하고 직장에 들어가서 가장 중요한 것이 바로 이 3가지인 것이다. 이렇게 중요한 것을 학교에서 배우지 않고 바로 직장에 들어가기 때문에 적응하지 못하고 뒤늦게 배우려고 이곳저곳을 다니며 다시 큰돈을 들이고 있다. 이 외에도 학생들을 위해 더 많은 것을 바꿔야 하지만 가장 중요한 것들만 우선 이야기했다. 이번에는 선생님에 대해서 이야기하겠다. 현재 교육대학을 통해서 임용고시에 합격하여 선생님들이 되는데 이분들의 인성은 잘 파악하지 않은 채 시험문제를 누가 더 많이 맞힌 걸로 객관적으로만 너무 쉽게 평가하여 선생님이 된다.

정부 관계자, 정치인들이 예산이 없어서 시간이 없어서라고 말하는 것은 모두 핑계일 뿐이다. 아이들이 국가의 미래인데 너무나 허술하게 아이들의 미래를 책임지게 하고 있다. 아무리 시간이 오래 걸리더라도 철저하게 선생님의 자질을 검증하고 또 검증해야 한다. 선생님이 되고 난 이후에도 수시로 평가하고 교육을 받을 수 있도록 해야 한다. 선생님도 학생처럼 매일 독서를 하며 공부해야 하고 선생님들끼리 모여서 토론도 하고 어떻게 하면 좀 더 쉽고 재밌게 가르칠 수 있을까 연구해야 한다.

그동안 많은 학교에 강연을 다니면서 선생님들의 애로사항도 많이 알게 되었는데 선생님들이 본인의 역량을 개발하고 공부할 시간이 별로 없다고 한다. 실제 아이들을 위해 신경을 쓸 일보다 학교 운영에 대해서 신경을 많이 쓴다고 한다. 정부는 아무리 예산이 없더라도 청사를 새로 짓거나 도로복구를 늦추더라도 선생님들의 편의를 위해 학교에 더 많은 예산을 지원하여 선생님들의 복지에 최대한 신경을 많이 써야 한다.

선생님이 행복하지 않으면 학생은 당연히 행복해질 수 없다. 선생님은 제2의 부모다. 가정에서 부모와 함께 하는 시간보다 선생님과 더 오랜 시간 동안 함께하기 때문에 더 영향을 많이 받을 수도 있다. 너무나 중요하기 때문에 다시 한번 반복하고 싶다. 정부는 모든 예산 중 최대한 학교에 더 많은 예산을 충분히 확보할 수 있도록 최대한 노력해야 한다. 선생님이 존중받고 대우받아야 교권이 높아진다.

학생들을 혼내지 않아도 우러러볼 수 있도록 해야한다. 마지막으로 학부모님들에게 제발 부탁드리고 싶다. 초등학교 1

학년 입학할 때부터 선생님 말씀 잘 들으라고 매일 얘기해주시고 선생님은 제2의 부모나 마찬가지니, 존중해야 한다고 교육해야 한다. 아이가 아주 큰 잘못을 저지르지 않는 한 찾아가지 않는 것이 아이를 위해서 좋다. 별일도 아닌 것을 가지고 수시로 전화하고 찾아가고 심지어 여러 학생들이 보는 데서 선생님에게 모욕을 주는 학부모들이 있는데 그러한 행동은 아이를 망치는 것이다.

그런 모습을 본 아이가 과연 크면 부모에게 주변 어른에게 잘할 수 있을까? 물론 정말 억울한 일이 생겨서 학교를 찾아갈 수 있지만, 최대한 학생들이 없는 곳에서 이성적으로 대화를 하면서 풀어야지 무턱대고 막무가내로 선생님을 몰아붙이면 안 된다. 모욕을 받은 선생님이 해당 학생을 그 이후로 잘해줄 수 있을까? 필자는 개인적으로 그동안 수 많은 선생님들과 이야기 했는데 체벌이 필요하다는 분도 계셨고 체벌보다 사랑으로 대하면 체벌을 할 필요가 없다고 하셨다.

벌이라는 것을 통해서 분명 아이들의 잘못을 깨닫게 할 수도 있고 지나친 체벌을 하면 오히려 더 큰 반발심이 생길 수도 있다는 것은 필자의 학창시절을 통해서도 너무나 잘 알고 있다. 때리는 것보다 운동을 시키는 쪽으로 하면 학생 건강에도 도움을 줄 수 있고 반성의 효과도 볼 수 있을 거라 생각한다. 잘못된 행동을 했는데도 아무런 대가를 받지 않게 되면 앞으로 계속해서 그러한 행동을 하게 되고 주변에 다른 학생들도 따라 하게 된다.

나라에 법이 없으면 무법천지가 되듯이 학교에도 법이 있어야 하고 가정에도 법이 있어야 된다. 청소년이기 때문에 아직 온전히 이성적으로 사물을 판단하지 못하기 때문에 실수할 수가 있는데 그렇다고 뭐든지 다 용서해줘야 하는 것은 아니다. 학생에 따라 어떤 학생은 말로만 타일러도 충분히 알아듣고 다시 똑같은 실수를 하지 않는 경우도 있고 어떤 학생은 아무리 말로 해도 고쳐지지 않는 경우가 있다.

그럴 때는 운동으로 땀을 흘리는 벌을 주어 육체를 힘들게 하는 선택이 필요하다. 필자는 참고로 운동장 돌기, 팔 굽혀 펴기 등 벌을 많이 받았지만, 반성을 하고 선생님의 고마움을 지금까지 느끼고 있다. 그때 만약 그러한 벌을 받지 않았다면 후에 더 큰 잘못을 했을 것이다. 만일 이것도 받아들이지 않고 선생님이 화풀이로 이용할 수 있다고 생각한다면 벌을 줄 때 선생님 자신도 학생과 함께 벌을 수행할 수도 있다.

선생님들이 비록 힘들겠지만 잘못 가르친 대가로 나도 너희들과 함께 벌을 받겠다고 하면 학생들이 선생님을 오해하지 않고 오히려 더 크게 반성하고 우러러볼 수 있을 것이다.

필자는 이 책을 대한민국 모든 학생들과 선생님들이 꼭 읽었으면 하는 간절한 바람이 있다. 교육을 책임지는 공무원 담당자분들이 꼭 읽고 필자가 주장한 대로 새로운 교육정책을 만들어 주셨으면 좋겠다. 물론 쉽지 않을 거라는 사실도 안다. 하지만 나비의 작은 몸짓이 태풍을 일으키듯 언젠가는 반드시 변화될 거라 믿는다.

절대 늙지 않는 마법같은 비밀이 있다
그것은 꿈을 잃어버리지 않는 것이다.

18

세계 최고 개그맨을 꿈꾸다

　필자는 8살 때 비가 내리면 거리에 나가서 지나가는 사람들에게 우산을 팔았다. 집안이 가난했기에 어린 나이에 돈을 벌어야만 했다. 아버지는 막노동을 하셨고 어머니도 길에서 돗자리를 펴놓고 장사를 하셨다. 3일에 한 번 수제비를 먹었지만 한 번도 우리 집이 가난하다는 사실을 모르고 살았다. 아버지 어머니가 계신 것만으로도 크게 감사했고 남동생과 네 명이 방 한 칸에 살았지만 불편하다는 생각도 해 본 적이 없었다.

늘 즐거웠고 내가 즐거운 만큼 다른 친구들에게 즐거움을 주었다. 초등학교 1학년 때부터 6학년 때까지 반에서 오락부장을 맡았을 정도니, 그것만 보더라도 얼마나 긍정적으로 어린 시절을 보냈는지 잘 알 수 있을 거라 믿는다. 5학년 때 담임선생님이 '너는 크면 개그맨이 되어야 한다'라는 말을 듣고 그때부터 개그맨의 꿈을 가졌다. 초등학교 생활은 학교 공부보다 개그공부를 더 많이 했었다. 매일 동물 성대모사를 연습하고 유머를 외워서 학교에 가면 아이들을 웃겨주느라 바빴다.

원숭이 성대모사, 티라노사우루스 공룡 흉내, 대통령, 선생님 성대모사를 하면서 정말 많이 웃겨주었다. 어른이 되면 대한민국 모든 사람들을 웃겨주겠다는 큰 꿈을 가졌다. 자신이 있었고 나를 100% 믿었다. 중학교에 올라가서 어느 날 미국 코미디언 출신인 짐 캐리의 영화를 보면서 나도 짐 캐리처럼 세계 최고의 개그맨이 되겠다고 더 큰 꿈을 가졌다. 사람들에게 웃음을 주는 것은 정말 어려운 일이다. 돈을 많이 벌겠다는 생각보다 많은 사람들을 기쁘게 해주고 싶은 마음이 더욱 컸다.

지금도 초등학교 때 마음이 그대로 남아있다. 늘 돈보다
는 어떻게 하면 사람들을 재밌고 행복하게 해줄까를 더 많이
생각한다. 필자처럼 개그맨이 되어 성대모사를 하거나 망가
지지 않아도 자신의 재능을 발휘해서 웃음을 줄 수 있다. 좋
은 제품을 만들고 친절하게 서비스를 해주고 좋은 정치를 펼
치면 사람들을 진심으로 대하면 모든 사람들에게 웃음을 줄
수 있다.

고등학교에 올라갔는데 집안 형편이 더 안 좋아졌다.

아버지가 막노동을 하시다 허리를 다치셔서 한동안 일을
못 하셨다. 어머니는 어려운 살림에 늘 근심이 가득하셨고 자
주 우셨다. 그러던 어느 날 어머니에게 이렇게 말씀드렸다 '
어머니 학교 자퇴하고 돈 벌게요.' 어머니는 아무런 말씀을
하지 않으셨다. 학교에 낼 돈도 없었기 때문이다. 그날 이후
신문사에 들어가서 새벽 4시에 일어나 조간신문을 돌리고 오
후에는 석간신문을 돌렸다. 정말 이를 악물고 일했다.

어느 날은 새벽 일찍 일어나 잠에서 덜 깬 상태로 50cc 오
토바이를 타고 배달을 하다 벽에 들이받았다. 오토바이가 망
가지고 내 얼굴에는 피가 흘렀다. 당연히 집에 가서 알리고 병
원에 가야 하는데도 불구하고 어머니가 걱정하실까 봐 피를

흘린 채 신문 배달을 했다. 너무 아프고 힘들었지만 참고 또 참으며 그렇게 일을 했다. 몇 달 동안 성실히 일한 것을 지국 장님께서 알아주셔서 어린 나이에 총무가 되었다.

나보다 어린 중학생들을 관리하면서 신문 대금 수금 일을 맡았다. 당시에 월급이 70만 원 정도였는데 그 돈으로 가족이 생활할 수 있었다. 18살 때는 아파트 건설 현장에서 막노동 일을 했다. 시멘트 포대를 하루 종일 나르고 벽돌을 지고 아파트 계단을 올라갔다. 당시에는 지금처럼 안전에 대한 교육이 없어서 안전모도 없이 일했다. 한 달에 한 명 정도 큰 부상을 당하거나 떨어져서 죽는 사람도 종종 있었다. 위험했지만 그만둘 수 없었다. 어느 날 인부들이 쉬는 방에서 한 권의 책을 발견하였다.

당시에 대한민국 최고 부자가 쓴 책이었다. '시련은 있어도 실패는 없다.' 현대그룹 정주영 회장님의 책이었다. 이상하게 끌려서 책을 보게 되었고 읽을수록 힘이 나고 기분이 좋았다. 정주영 회장도 역시 가난했고 중학교도 제대로 다니지 못했지만, 대한민국 최고 대그룹 회장이 되었다. 며칠에 걸쳐서 다 읽었다. 너무 기분이 좋아서 아파트 옥상에 올라가 크게 소리를 질렀다.

"나는 반드시 대한민국 최고 부자가 될 것이다!"

너무 큰 꿈이었지만 진심으로 그렇게 되고 싶었다. 돈을 많이 벌어서 나처럼 돈이 없는 사람들 집 없는 사람들을 도와주고 싶었다. 그 마음을 지금까지 그대로 남아있다. 나는 절대로 혼자서만 잘 먹고 잘살지 않을 것이다 란 생각을 가지고 살고 있다. 지금도 많은 곳에 홍보대사를 하면서 재능기부도 하고 조금씩이지만 후원을 하고 있다. 자신을 위해서 사는 것보다 다른 사람을 위해서 사는 것이 더 행복하다는 것을 알기에 앞으로도 더 좋은 일들을 많이 하고 싶다. 언제 이루어질지 모르겠지만 반드시 대한민국 최고 부자가 되어 많은 사람들을 도와주어 행복하게 해주고 싶다.

19살 때는 경기도 성남에서 새벽에 음식배달을 하는 야식배달도 하고 횟집에서 서빙하면서 회 배달을 했다. 20살 때는 대리운전을 하고 21살에는 자가용운전수 일을 했다. 정말 하루도 쉬지 않고 미친 듯이 일을 했다. 21살에 자가용운전수 일을 안 했더라면 오늘의 고혜성은 존재하지 않았을 것이다. 사장님을 모시는 것보다 차에서 기다리는 시간이 더 길었다.

어떻게든 이 시간을 긍정적으로 보내고 싶어서 집 근처에 책 대여점에서 책을 빌려서 읽었다. 고등학교를 마치지 못했다는 생각에 친구들은 다 대학에 들어간 것에 자극받아 책을 미친 듯이 읽었다. 자기 전에도 읽었고 밥을 먹을 때도 읽으면서 먹었다. 그렇게 하니 가장 많이 읽었던 달은 한 달에 100권에 책을 보게 되었다. 나는 책에 완전히 중독되었다. 지금까지 내가 가졌던 습관 중 최고의 습관은 독서습관이다.

1년 동안 자가용운전수 일을 하면서 약 700권 정도 읽었다. 그 당시에 읽은 책이 지금까지 나의 철학에 가장 많은 부분을 차지하고 있다. 장자를 읽으면서 지금 내가 살고 있는 세상이 꿈속인지 진짜인지 한참을 사색하기도 하고 성공한 기업가들의 책을 보면서 도전정신을 더 크게 갖게 되었다. 주로 철학책과 성공한 사람들의 책을 많이 읽었다.

지금까지 대학에 강의를 하면서 학생들에게 1년에 몇 권 정도 읽느냐고 물어보면 한 달에 1권 읽는 친구들이 몇 명 없었다. 대학교육도 중요하지만, 더 중요한 교육은 혼자서 독서를 하는 것이라고 강력히 주장하고 믿고 있다. 학교에서 억지로 암기하려고 시험을 잘 보려고 읽는 책보다 내가 스스로 선택한 좋아하는 분야의 책을 읽는 것이 더 중요하다.

진정한 교육은 스스로 읽고 스스로 질문하면서 답을 찾아내는 것이다. 남이 정해놓은 답이 아니라 나만의 답을 찾아야만 한다. 나는 그런 훈련을 정말 많이 했다. 그 결과 지금 대학에서 강의를 다니고 교수, 박사들과 대화하는데 아무런 어려움이 없다.

25살에 공익근무요원 복무를 마치고 어린시절에 꿈인 개그맨시험을 보러 방송국에 찾아갔다. 처음 KBS 개그맨 시험에서는 2차에서 떨어졌고 MBC에서는 3차에서 떨어졌다. 개그맨이 되는 길이 만만하지 않았다. 나름 초등학교 때부터 동네에서 친구들끼리 자신이 가장 웃긴 놈이라고 생각했고 당연히 쉽게 될 줄 알았는데 심사위원들은 전혀 나의 개그를 좋아하지 않았다. 그래도 포기하지 않고 다음 해를 준비하면서 개그 지망생들끼리 자주 어울렸다.

돈을 벌기 위해 일반 회사생활은 하기 싫어 간판 닦는 일을 시작했다. 간판이 더러우면 가게에 들어가서 깨끗하게 새 간판을 만들어 드리겠다고 영업을 했다. 전혀 창피하다는 생각도 안 해 봤고 내가 하는 일이 정말 좋은 일이라고 생각했다. 땀 흘린 만큼 돈이 들어왔다. 어느 날은 하루에 30만 원을 번 적도 있었다. 새벽에 가게 문 열기 전에 사다리를 타고 올라가서 닦았고 밤에 가게 문 닫고 나서 닦았다. 한겨울에 찬물에 걸레를 적셔 힘들게 일을 했다.

사다리가 안 닿는 곳은 옥상에서 밧줄을 묶어서 판자를 만들어 타고 내려와 닦았다. 당시에는 겁이 없었고 어떻게든 더 많은 돈을 벌려고 했다. 그러던 어느 날 나의 삶에 있어서 가장 큰 사고가 일어났다. 3층에서 간판 일을 하다가 떨어진 것이다. 너무 고통스러워서 짐승처럼 울부짖었다. 같이 일하던 후배에게 죽여 달라고 큰소리쳤다. 일어나지도 못하고 계속 옆으로 누워서 미친 듯이 굴러다녔다. 119 응급차에 실려 병원 응급실에 도착하고 진통제를 놔주셨지만, 전혀 고통이 줄어들지 않았다.

너무 아파서 계속 비명을 질렀고 눈물이 하염없이 흘러내렸다. 의사 선생님께서 엑스레이 사진을 보여주셨는데 발 뒤꿈치뼈가 모두 부셔져 있었다. 전신마취를 하고 대수술을 하였다. 발등을 찢어 부서진 뼈들을 빼내고 젓가락 같은 철심을 3개 박고 플라스틱 인공뼈를 넣었다. 의사 선생님은 어머니에게 당신 아들은 평생 절름발이로 살아야 한다고 하셨다. 어머니는 매일 우셨고 진단서에는 영구장애라고 쓰여 있었다.

하지만 나는 절대 받아들일 수 없었다. 장애인의 몸으로 어떻게 성공하고 어떻게 개그맨이 될 수 있단 말인가 나는 무조건 걸어야만 했다. 반드시 성공하고 어린 시절에 꿈을 이루고 싶었다. 병원에서 퇴원하여 집에 도착하자마자 쇠톱으로 무릎까지 올라온 기부스를 모두 잘라버렸다. 기부스 때문에 진짜로 못 걸을 거 같다는 생각이 들었다. 매일 미친 듯이 주문을 외우고 걷는 훈련을 하였다.

"나는 반드시 걷는다. 무조건 걷는다"

어머니는 매일 우셨다. 친척들도 자주 찾아와 함께 울었다. 하지만 나는 단 한 번도 울지 않았다. 나는 정상인이라 믿었기 때문이다. 나는 슬프지 않았다. 나의 미래가 보였고 점점 좋아지고 있다는 것을 믿었다. 그렇게 2년 정도 절름발이로 살면서 외판원을 하고 서울 청계천에 가서 퀵서비스를 하면서 돈을 벌었다. 그러다 오토바이 사고가 나서 아무 일도 하지 못했다. 몸으로 하는 일이 너무 두렵고 싫었다.

집에서 할 수 있는 일을 찾았는데 절름발이로 외판원을 할 때 인터넷 가르치는 학습 CD를 판 경험이 있어서 인터넷으로 돈을 벌어야겠다는 생각을 했고 며칠 동안 미친 듯이 검색을 하여 정말 획기적인 상품을 찾았다. 주소창에 한글만 입력해도 홈페이지가 연결되는 한글도메인을 판매하기로 하였다. 처음 몇 달 동안은 단 한 개도 팔리지 않았는데 어느 날 9시 뉴스에 한글도메인 뉴스가 나오자마자 주문 전화가 폭주하고 매일 몇천만 원씩 통장에 들어왔다. 정말 꿈같은 일들이 실제 나에게 일어났던 일이다.

직원을 7명을 고용했다. 고려대생도 있었고 이화여대생도 있었다. 나는 검정고시로 고졸을 합격했는데 직원을 대학생들로 모두 구성했다. 대학에 가지 않고도 사업을 하면 정주영 회장님처럼 얼마든지 좋은 인재들을 직원으로 둘 수 있다는 것을 배웠다. 요즘 대학생들이 취직이 안 돼서 걱정을 많이 하는데 취직이 안 되면 창업을 하면 된다. 앞으로는 대기업에 들어가는 것보다 창업하는 것이 더 미래 발전적이다. 일자리가 줄어드는 것을 걱정하지 말고 일자리를 직접 만들어야 한다.

인터넷 사업은 오래가지 않았다. 너무 어린 나이라 큰돈을 제대로 활용할 줄 몰랐고 직원들 관리도 너무 못해서 결국 1년도 회사 문을 닫았다. 하지만 나에게는 큰 공부였고 그때 경험으로 인해 지금 사업을 잘할 수 있게 되었다고 믿는다. 실패가 아니라 성공의 과정이었던 것이다. 당시에 사업은 망했지만, 다리가 많이 좋아졌고 다시 개그맨시험을 볼 수 있었다.

하지만 또다시 떨어지고 계속 떨어졌다. 어떻게든 먹고 살려고 다양한 일을 했다.

레크레이션 자격증을 취득하여 레크레이션강사로 일하고 그러다 댄스에 미쳐서 댄스학원도 차렸다. 어느 날 경쟁 댄스학원이 옆에 생겨서 수많은 빚을 지고 학원을 닫았다. 인생이 정말 순탄하지 않았다. 그래도 나는 이런 우여곡절이 많은 인생이 너무 좋다고 생각한다. 모두가 값진 경험이었고 큰 공부라 생각하며 긍정적으로 웃으면서 살았다. 31살에 새벽에 방송되는 개그맨지망생들의 무대인 개그사냥에 출연하였고 그곳에서 8개월 동안 도전한 끝에 드디어 1등을 하여 개그콘서트에 스카웃 되었다.

개그맨시험에 그토록 오랫동안 도전했고 떨어졌는데 기적같이 평범한 지망생이 개콘에 들어가게 된 것이다. 나의 개그는 첫 회부터 크게 화제를 모았고 CF 광고 문의가 계속 들어왔다. 미국 LA에 교민축제에 초대되어 공연도 하고 왔다. 그동안 밀린 빚을 모두 청산하고 아파트로 이사도 갔다. 정말 하루하루가 꿈같은 나날이었다. 초등학교 5학년 때 꿈이 마침내 32살에 이루어진 것이다. 정말 길고도 긴 꿈의 여정이었다.

나는 꿈을 이룬 사람이다. 지금 나는 너무 행복하고 나 스스로가 너무 자랑스럽다. 끝까지 포기하지 않고 도전하면 된다는 나의 믿음을 내 눈으로 직접 확인한 것이다. 누구든지 나처럼 하면 꿈을 이룰 수 있다. 나는 대한민국 최고 개그맨이 되었다. 당시에 나의 개그는 어린아이 서부터 할아버지들까지 모두 좋아하였다. 개그맨으로서는 많은 걸 얻었고 더 이상 바라지도 않을 정도로 큰 인기도 얻었다.

"가장 원하는 것을 얻기 위해서는
가장 두려워하는 행동을 해야한다."

17

세계 최고 명강사를 꿈꾼다

나의 꿈은 세계 최고의 명강사다. 32살 군부대에서 첫 강의를 시작으로 지금까지 15년 동안 강의를 하고 있다. 강사만큼 매력적인 직업은 없는 거 같다. 강사는 일단 시간적으로 매우 자유롭다. 스트레스를 주는 상사도 없고 늘 새로운 곳을 다니며 새로운 사람들과 만난다. 역사적으로 가장 위대한 사상가들인 공자, 맹자, 소크라테스도 늘 대중들 앞에서 강연하였던 강사다. 강사는 누구나 할 수는 있지만 아무나 할 수는 없다.

많은 사람들 앞에서 자신의 철학과 가치관을 통해서 삶을 변화시켜야 하는데 강사 스스로가 올바른 생각을 하고 있지 않으면 강단에 설 수 없다. 강사는 그 어떤 청중보다 많은 것을 알아야 한다. 내가 제대로 알지 못하면 알려줄 수 없다. 강의에 관한 많은 분야가 있는데 나의 전문분야는 성공학과 동기부여다. 10년 전 처음 강연을 시작하고 지금까지 그 어떤 강사보다 성공학에 관련된 공부를 많이 해왔다.

성공학에 있어서는 세계 최고가 되고 싶었다. 이처럼 큰 목표를 가지고 있었기 때문에 그동안 수천 권에 달하는 독서를 할 수 있었다. 목표는 반드시 커야 한다. 또한, 목표는 분명하고 확고해야 한다. 세계 최고 명강사가 되기 위한 가장 첫 번째로 세계 최고의 성공학에 대가들의 책을 읽기 시작했다. 피터 드러커, 브라이언 트레이시, 존 멕스월, 데일 카네기, 스티븐 코비, 나폴레온 힐 등 모든 사람들이 인정하는 성공학의 권위자들을 책으로 만나보았다.

그들이 하는 이야기에 공통점은 자신의 능력을 최대한 끌어올려서 불가능해 도전하라는 것이었다. 세계적인 경영학의 대가 피터 드러커 박사는 완벽을 추구하는 삶을 강조했다. 세계 최고는 완벽으로 가는 길이다. 세계 모든 사람들에게 인정받을 수 있다면 그가 진정한 세계 최고일 것이다. 하지만 살아있을 때 인정받지 못하더라도 실망할 필요는 없다. 소크라테스 예수, 부처, 공자, 맹자, 고흐, 등 역사적으로 위대한 인물들이 사후에 많은 사람들에게 영향력을 끼치고 있기 때문이다.

세계 최고가 되려면 먼저 자신 스스로가 인정해야 한다. 다른 사람들이 인정하지 않더라도 자신을 믿고 끝까지 혼신을 다해 노력하면 언젠가는 반드시 알아줄 것이다. 그렇게 하여 한 사람이라도 인정해주고 많은 사람들이 인정해주면 살아 있는 것이 늘 행복할 것이다. 진정한 세계 최고는 실력뿐만이 아니라 인성에서도 인정받아야 한다.

올림픽에서 금메달을 따더라도 인성이 좋지 않아 실수하면 모든 사람들이 외면해 버린다. 각 분야의 세계 최고를 꿈꾸는 사람들은 반드시 인성도 세계 최고를 꿈꿔야 한다. 필자의 꿈은 세계 최고 명강사가 되는 것과 동시에 세계 영향력 1위에 선정되는 것이다. 너무 크다고 누군가는 이야기할 수도 있겠지만 중요한 것은 큰 목표를 세우고 그것을 위해 매일 최선을 다해 행동하겠다는 것이다. 결과도 중요하지만, 과정은 더욱더 중요하다.
과정에 최선을 다한 사람들은 절대로 결과에 후회하지 않는다. 필자는 먼 훗날 떠날 때 세상 모든 사람들에게 세계 최고 명강사로 인정받지 못하더라도 괜찮다. 중요한 것은 그 목표를 향해 매일 매일 쉬지 않고 달릴 것이고 그럼 최소한 그 꿈에 가까이 갈 수 있으리라 믿는다. 나는 현재 대한민국 내에서만 강연하지만, 세계 모든 나라를 다니며 강연하는 것을 꿈꾼다. 피부색이 달라도 살아온 문화가 달라도 그들이 이해할 수 있는 쉬운 말로 삶을 변화시키며 즐겁게 여행하고 싶다.

다른 사람과 자신을 비교할 때 가장 큰 차이는 꿈의 차이여야 한다. 꿈의 차이가 그 어떤 차이보다 중요하다. 꿈이 큰 사람일수록 자신감이 크고 목소리에 힘이 들어가 있다. 큰 꿈은 가지고 있기만 해도 큰 힘을 준다.

꿈이 큰 사람이 꿈이 작은 사람을 이긴다. 꿈이 작은 사람은 큰 꿈을 가진 사람에게 자연스럽게 끌려가게 된다. 이것은 우주 절대법칙이다. 나는 대한민국 모든 국민들이 다른 나라 국민들보다 큰 꿈을 갖기를 희망한다. 이 책을 읽고 세계 최고를 꿈꾸는 사람들이 더 많아지길 진심으로 바라고 대한민국 모든 사람들이 세계 최고를 꿈꾸기를 바란다. 대한민국은 반드시 세계 최고로 행복하고 아름다운 위대한 나라가 될 거라 믿는다.

세계 최고를 꿈꿔라!

"당신의 야망을 깔보는 사람을 멀리하라.
하찮은 사람은 항상 남을 깔본다.
하지만 정말 위대한 사람은 남들도 똑같이
위대해질 수 있다는 희망을 심어준다."

세 계
최고를
꿈꿔라

발행일 2023년 9월 10일

지은이 고혜성

펴낸이 고혜성

편 집 서승연

디자인 서승연

펴낸곳 위대한민국

등록번호 제2011-13호

주소 경기도 광주 도척로 404-6

전화 070-7641-8898

이메일 heasunggo@naver.com

ISBN 978-89-967367-7-6 (12190)

고혜성©2023